Noveller på Franska

Korta berättelser på Franska för nybörjare och elever på mellanstadiet

Gabriel Bernard

greenthumbpublishing@gmail.com

Innehåll

Introduktion

Att läsa på ett främmande språk är ett av de mest effektiva sätten att förbättra språkkunskaperna och utöka ordförrådet. Det kan dock ibland vara svårt att hitta engagerande läsmaterial på en lämplig nivå som ger en känsla av prestation och framsteg. De flesta böcker och artiklar som är skrivna för modersmålstalare kan vara för långa och svåra att förstå eller ha ett ordförråd på mycket hög nivå så att du känner dig överväldigad och ger upp. Om dessa problem låter bekanta är den här boken något för dig!

Noveller på Franska är en samling av 25 okonventionella och underhållande noveller som är utformade för att hjälpa nybörjare och elever på mellannivå Franska att förbättra sina språkkunskaper.

Dessa noveller skapar en stödjande läsmiljö genom att innehålla:

- Ett rikt språkligt innehåll i olika genrer som underhåller dig och ger dig en mängd olika ordformer.
- Kortare berättelser i kapitel för att ge dig nöjet att avsluta berättelser och göra snabba framsteg.
- Texter som är skrivna på din nivå så att de är lättare att förstå och inte överväldigande.
- Svensk översättning på växlande sidor, så att du kan läsa den rad för rad när du läser berättelsen Franska.
- Nyckelord är tryckta i fetstil i berättelsen och översättningen för att hjälpa dig att lättare förstå okända ord.
- Förståelsefrågor för att testa din förståelse av viktiga händelser och för att uppmuntra dig att läsa mer i detalj.

Oavsett om du vill utöka ditt ordförråd, förbättra din förståelse eller bara läsa för skojs skull är den här boken det största steget framåt du kan ta i dina studier i år. Noveller på Franska ger dig allt stöd du behöver, så luta dig tillbaka, slappna av och låt fantasin flöda när du förflyttas till en magisk värld av äventyr, mysterier och intriger - på Franska!

Hur du använder den här boken

Läsning är en svår talang att bemästra. Vi använder en rad mikrofärdigheter för att hjälpa oss att läsa på våra modersmål. Vi kan till exempel skumma ett avsnitt för att få en grov förståelse, eller en kontentan, av vad det handlar om. Vi kan också kamma igenom många sidor i en tågplan för att hitta en viss tid eller plats. Medan dessa mikrofärdigheter är en självklarhet när vi läser på våra modersmål, visar forskning att vi ofta glömmer de flesta av dem när vi läser på ett främmande språk. När vi lär oss ett främmande språk börjar vi vanligtvis i början av en text och arbetar oss igenom den och försöker förstå varje enskilt ord. Det är oundvikligt att vi stöter på obekanta eller komplicerade termer och blir irriterade över vår oförmåga att förstå dem.

En av de största fördelarna med att läsa på ett främmande språk är att du får tillgång till ett stort antal fraser och uttryck som används i vardagliga situationer. Extensiv läsning är en term som används för att beskriva läsning för nöjes skull för att lära sig ett språk. Det är inte som att läsa en lärobok, då konversationer eller texter är utformade för att läsas långsamt och noggrant med målet att förstå varje ord. “Intensiv läsning” avser läsning som görs för att uppnå specifika inlärningsmål eller slutföra uppgifter. För att uttrycka det på ett annat sätt: grundlig läsning i läroböcker hjälper vanligtvis till att lära sig grammatiska regler och särskilt ordförråd, men omfattande läsning av berättelser hjälper till att lära sig det naturliga språket.

Noveller på Franska ger dig möjligheter att lära dig mer

om det naturliga Franska språket i bruk, även om du kanske har börjat din språkinlärningsresa med enbart läroböcker. Här är några tips att tänka på när du läser berättelserna i den här boken för att få ut så mycket som möjligt av dem: När det gäller läsning är nöje och en känsla av att ha uppnått något avgörande. Du fortsätter att komma tillbaka för mer eftersom du tycker om det du läser. Att läsa varje berättelse från början till slut är den bästa metoden för att njuta av att läsa berättelser och känna sig fulländad. Följaktligen är det mest avgörande att komma till slutet av en berättelse. Det är faktiskt mer avgörande än att kunna varje enskilt ord.

Ju mer du läser, desto mer kunskap får du. Om du läser större böcker för nöjes skull kommer du snabbt att få kunskap om hur Franska fungerar. Tänk dock på att för att få alla fördelar av omfattande läsning måste du först läsa en tillräckligt stor volym. Om du läser några sidor här och där kan du kanske lära dig några nya ord, men det kommer inte att göra någon större skillnad i din totala nivå av Franska.

Acceptera att du inte kommer att förstå allt du läser i en roman. Detta är utan tvekan den viktigaste punkten! Kom alltid ihåg att det är helt acceptabelt att inte förstå alla ord eller meningar. Det innebär inte att dina språkkunskaper är otillräckliga eller att du presterar dåligt. Det tyder på att du aktivt deltar i inlärningsprocessen.

Läsguide

För att få ut så mycket som möjligt av att läsa Noveller på Franska är det bäst om du följer denna enkla läsprocess i sex steg för varje kapitel i berättelserna:

1. Läs kapitlets titel. Tänk på vad berättelsen kan handla om. Läs sedan berättelsen hela vägen igenom. Ditt mål är helt enkelt att nå slutet av berättelsen. Stanna därför inte upp för att slå upp ord och oroa dig inte om det finns saker som du inte förstår. Försök helt enkelt att följa handlingen.

2. När du når slutet av berättelsen ska du skanna den svenska översättningen för att se om du har förstått vad som har hänt och ta upp eventuella sammanhang som du kan ha missat.

3. Gå tillbaka och läs samma berättelse igen. Om du vill kan du fokusera mer på berättelsens detaljer än tidigare, men annars är det bara att läsa igenom den en gång till.

4. Arbeta sedan igenom förståelsefrågorna i Franska för att kontrollera din förståelse av viktiga händelser i berättelsen. Om du inte förstår frågorna helt och hållet ska du inte oroa dig. Använd dina kunskaper för att svara så gott du kan.

5. Vid det här laget bör du ha en viss förståelse för de viktigaste händelserna i kapitlet. Om inte kan du läsa om kapitlet några gånger med hjälp av översättningen för att kontrollera okända ord och fraser tills du känner dig säker.

När du är redo och säker på att du förstår vad som har

hänt - oavsett om det är efter en eller flera läsningar av berättelsen - går du vidare till nästa berättelse och fortsätter att njuta av berättelsen i din egen takt, precis som du skulle göra med vilken annan bok som helst.

Först när du har avslutat en berättelse i sin helhet bör du överväga att gå tillbaka och studera berättelsespråket mer ingående om du vill. Eller i stället för att oroa dig för att förstå allt, ta dig tid att fokusera på allt du har förstått och gratulera dig själv till allt du har gjort.

Noveller på Franska

Gabriel Bernard

La Côte d'Azur

La Côte d'Azur Un lieu de luxe, de richesse et de **beauté**. C'était un endroit que j'avais toujours rêvé de visiter, et me voici maintenant. Mon mari, Mark, et moi étions en lune de miel, et nous étions déterminés à en profiter au maximum. Nous avions planifié chaque **détail** méticuleusement et tout se passait parfaitement. Nous sommes arrivés à l'aéroport de Nice et avons été emmenés dans une voiture avec chauffeur jusqu'à notre **hôtel** surplombant la mer Méditerranée. Le soleil se couchait à notre arrivée, et la vue depuis notre chambre était à couper le souffle. Nous avons rapidement déballé nos affaires avant de partir à la découverte de la ville. Les rues étaient animées par des gens qui profitaient de l'air chaud du soir. Nous avons erré sans but, en profitant des vues et des sons de ce lieu **magique**. Au détour d'une rue, sur une petite place, nous avons entendu de la **musique** provenant d'un café voisin. Nous nous sommes dirigés vers le café et avons vu qu'il était bondé de gens, tous appréciant la musique. Nous avons trouvé une table à l'arrière et nous nous sommes assis pour écouter. Le groupe jouait un mélange de chansons françaises et anglaises, et tout le monde semblait s'amuser.

Pendant que nous écoutions, nous n'avons pas pu nous

Den franska rivieran

Franska Rivieran En plats för lyx, rikedom och **skönhet**. Det var en plats som jag alltid hade drömt om att besöka, och nu är jag här. Min man Mark och jag var på vår smekmånad och vi var fast beslutna att göra det bästa av den. Vi hade planerat varje **detalj** minutiöst och allt gick perfekt. Vi anlände till flygplatsen i Nice och fördes i en bil med chaufför till vårt **hotell med** utsikt över Medelhavet. Solen höll på att gå ner när vi anlände och utsikten från vårt rum var hisnande. Vi packade snabbt upp innan vi gick ner för att utforska staden. Gatorna var livliga med människor som njöt av den varma kvällsluften. Vi vandrade planlöst och tog in sevärdheterna och ljuden på denna **magiska** plats. När vi svängde ett hörn in på ett litet torg hörde vi **musik** från ett närliggande café. Vi gick mot kaféet och såg att det var fullpackat med människor som alla njöt av musiken. Vi hittade ett bord längst bak och satte oss ner för att lyssna. Bandet spelade en blandning av franska och engelska låtar och alla verkade ha roligt.

Medan vi lyssnade kunde vi inte låta bli att lägga märke till en grupp **vackra** kvinnor som satt vid ett bord nära framsidan. De skrattade och skämtade tillsammans och hade uppenbarligen mycket roligt. Det dröjde inte länge innan Marks uppmärksamhet var helt riktad

empêcher de remarquer un groupe de **belles** femmes assises à une table près de l'entrée. Elles riaient et plaisantaient ensemble, s'amusant manifestement beaucoup. Il n'a pas fallu longtemps pour que l'attention de Mark se porte entièrement sur elles. Je pouvais le voir les regarder avec envie, et je savais ce qu'il pensait. Je me suis penchée vers lui et j'ai **murmuré** à son oreille : “Tu veux aller leur parler ?”. Il a hoché la tête avec enthousiasme, alors j'ai pris sa main et l'ai conduit à leur table. Mark a commencé à discuter avec les femmes immédiatement, et elles nous ont rapidement inclus dans leur **conversation**. Elles nous ont dit qu'elles étaient mannequins et qu'elles étaient ici pour une séance photo qui aurait lieu demain matin sur l'un des yachts amarrés dans le **port**. Elles nous ont invitées à les rejoindre pour boire un verre plus tard dans la soirée, une fois la séance terminée. Après avoir terminé nos boissons, nous nous sommes dirigés vers l'endroit où se déroulait la fête sur **le yacht**. Il devait y avoir une centaine de personnes, qui se mêlaient aux autres, buvaient du champagne ou **dansaient** sur le pont sous les lumières féeriques accrochées autour du bateau. On se serait cru dans un film. Une des filles nous a repérés et est venue nous saluer à nouveau avant de nous entraîner sur la piste de danse, où nous avons dansé jusque tard dans la nuit.

mot dem. Jag kunde se hur han tittade längtansfullt på dem och jag visste vad han tänkte. Jag lutade mig fram till honom och **viskade** i hans öra: "Vill du gå och prata med dem?". Han nickade ivrigt, så jag tog hans hand och ledde honom över till deras bord. Mark började genast prata med kvinnorna och de inkluderade snart oss i sitt **samtal**. De berättade att de var modeller som var här för en fotografering som äger rum i morgon bitti på en av de yachter som ligger i **hamnen**. De bjöd in oss till en drink senare på kvällen, efter att deras fotografering hade avslutats. Efter att ha druckit upp våra drinkar begav vi oss ner till den plats där yachtfesten ägde rum. Det måste ha funnits 100 personer där, alla minglade, drack champagne eller **dansade** på däck under de ljusstakar som hängdes upp runt båten. Det såg ut som något från en film. En av tjejerna upptäckte oss och kom över för att säga hej igen innan hon ledde oss in på dansgolvet, där vi dansade till sent på natten.

Questions de compréhension

1. Qu'est-ce que la Côte d'Azur ?

2. Quelle était la vue de la chambre d'hôtel ?

3. Quel genre de musique jouait le groupe ?

4. Quelles étaient les femmes auxquelles Mark s'intéressait ?

5. Que se passait-il sur le yacht ?

6. Comment était le yacht après la transformation ?

7. Combien de personnes étaient présentes à la fête ?

8. Que représente la Côte d'Azur pour le couple ?

9. De quoi le couple est-il satisfait ?

10. Quelles sont les autres aventures que le couple prévoit de vivre ?

Frågor om förståelse

1. Vad är den franska rivieran?

2. Vilken var utsikten från hotellrummet?

3. Vilken typ av musik spelade bandet?

4. Vilka var de kvinnor som Markus var intresserad av?

5. Vad hände på båten?

6. Hur såg båten ut efter ombyggnaden?

7. Hur många personer var på festen?

8. Vad är den franska rivieran för paret?

9. Vad är paret nöjda med?

10. Vilka andra äventyr planerar paret att göra?

Bœuf bourguignon

C'était une nuit sombre et **orageuse**. Le vent hurlait dans les arbres, faisant voler les feuilles et les branches dans les airs. Au loin, le tonnerre grondait comme une bête en colère. Bœuf Bourguignon frissonnait dans sa petite cabane, blotti sous une mince **couverture**. Il savait qu'il aurait dû se coucher tôt, mais il était tellement excité à l'idée de préparer son fameux plat pour le dîner du lendemain qu'il n'a pas pu résister à l'envie de rester debout un peu plus longtemps pour travailler dessus. Il le regrette maintenant en écoutant le **vent** hurler et en pensant à tous les invités qui viendront demain. Seront-ils capables de passer à travers la tempête ? Il l'espère, car cela fait des semaines qu'il attend ce **dîner avec impatience**. Ce serait une occasion **spéciale**, sa première chance de montrer ses talents culinaires à certaines des personnes les plus influentes de la ville. Il avait travaillé dur pour perfectionner sa recette de bœuf bourguignon et était convaincu qu'il impressionnerait **tous ceux** qui le goûteraient. Demain soir ne pouvait pas arriver assez tôt.

Le lendemain, le Bœuf Bourguignon se réveilla au son de la **pluie qui** tapait contre sa **fenêtre**. Il grogne et tire la couverture sur sa tête, essayant de bloquer le bruit.

Boeuf bourguignon

Det var en mörk och **stormig** natt. Vinden ylade genom träden och skickade löv och grenar i luften. I fjärran mullrade åskan som ett ilsket djur. Boeuf Bourguignon darrade i sin lilla hydda, hopkrupen under en tunn **filt**. Han visste att han borde ha gått och lagt sig tidigt, men han hade varit så uppspelt över att göra sin berömda maträtt till morgondagens middagsbjudning att han inte kunde motstå att stanna uppe lite längre för att arbeta på den. Nu ångrade han det när han lyssnade på den ylande **vinden** och tänkte på alla gäster som skulle komma i morgon. Skulle de ens kunna klara sig genom stormen? Han hoppades det, för han hade sett fram emot det här middagssällskapet i flera veckor. Det skulle bli ett **speciellt** tillfälle - hans första chans att visa upp sina kulinariska färdigheter för några av de mest inflytelserika personerna i staden. Han hade arbetat hårt för att finslipa sitt recept på Boeuf Bourguignon och var övertygad om att det skulle imponera på **alla** som provade det. Morgonkvällen kunde inte komma tillräckligt fort.

Nästa dag vaknade Boeuf bourguignon till ljudet av **regn** som slog mot hans **fönster**. Han stönade och drog filten över huvudet för att försöka stänga ute ljudet. Det skulle bli en blöt dag, så mycket var klart.

La journée s'annonçait pluvieuse, c'était clair. Mais il n'avait pas de temps à perdre à s'apitoyer sur son sort, il avait un dîner à préparer ! Il se leva et commença à s'affairer dans sa petite cabane, préparant tout pour le grand **événement de** ce soir. Son cœur battait la chamade tandis qu'il **coupait les** légumes et remuait la marmite de ragoût qui allait devenir son fameux plat. Tout devait être parfait s'il voulait faire bonne impression sur ses invités. À la tombée de la nuit, le bœuf bourguignon entend le bruit des roues d'un chariot qui s'approche sous la pluie. Le cœur battant, il se dépêche d'allumer des bougies et de mettre la touche finale à son repas. Les invités sont là. Le dîner a été un **succès** au-delà des rêves les plus fous du Bœuf Bourguignon. Son plat a reçu des critiques élogieuses, et même les invités les plus critiques ont dû admettre qu'il était **délicieux**. Il rayonne de fierté en acceptant leurs compliments, sentant qu'il est enfin arrivé en tant que chef.

Men han hade ingen tid att slösa bort med att tycka synd om sig själv - han hade ett middagssällskap att förbereda! Han reste sig upp och började rusa runt i sin lilla hydda för att göra allting klart för kvällens stora **händelse**. Hans hjärta rusade av förväntan när han **hackade** grönsaker och rörde om i grytan med gryta som skulle bli hans berömda rätt. Allt måste vara perfekt om han ville göra ett gott intryck på sina gäster. När natten började falla hörde Boeuf bourguignon ljudet av vagnshjul som närmade sig i regnet. Hans hjärta hoppade över ett slag när han skyndade sig att tända några ljus och lägga sista handen vid sin måltid. Gästerna var här. Middagssällskapet blev en **succé** bortom Boeuf bourguignons vildaste drömmar. Hans maträtt fick mycket goda recensioner och även de mest kritiska gästerna måste erkänna att den var **utsökt**. Han strålade av stolthet när han tog emot deras komplimanger och kände att han äntligen hade kommit fram som kock.

Questions de compréhension

1. Quel est le nom du plat que prépare le protagoniste ?

2. Pour quel genre d'événement le protagoniste prépare-t-il le plat ?

3. Pourquoi le plat du protagoniste est-il spécial ?

4. Que ressent le protagoniste à propos du dîner ?

5. À quel bruit le protagoniste se réveille-t-il ?

6. Comment le protagoniste réagit-il en entendant le son ?

7. Quel est l'objectif du protagoniste pour le dîner ?

8. Le dîner se déroule-t-il comme prévu ?

9. Comment le protagoniste se sent-il après le dîner ?

10. Que devient le protagoniste ?

Frågor om förståelse

1. Vad heter den maträtt som huvudpersonen lagar?

2. Vilken typ av evenemang förbereder huvudpersonen maträtten för?

3. Varför är huvudpersonens maträtt speciell?

4. Vad känner huvudpersonen för middagsbjudningen?

5. Vilket ljud vaknar huvudpersonen till?

6. Hur reagerar huvudpersonen när han hör ljudet?

7. Vad är huvudpersonens mål med middagsbjudningen?

8. Går middagsbjudningen som planerat?

9. Hur känner sig huvudpersonen efter middagsbjudningen?

10. Vad händer med huvudpersonen?

Révolution française

C'était une nuit sombre et orageuse. C'était le genre de nuit qui vous fait croire que tout peut arriver. Et cette nuit-là, en 1789, il s'est passé quelque chose. C'était le début de la Révolution française. Le peuple français était **malheureux** depuis de nombreuses années. Ils étaient fatigués d'être gouvernés par un roi qui se souciait plus de lui-même que de ses sujets. Ils en avaient assez d'être taxés pour payer son style de vie **somptueux** alors qu'ils avaient du mal à joindre les deux bouts. Et ils étaient surtout fatigués de voir leurs amis et leurs familles mourir dans des guerres qu'il avait déclenchées juste pour le plaisir. Trop, c'est trop ! En cette nuit fatidique, un groupe d'hommes et de femmes **courageux** se sont rassemblés dans le centre de Paris pour demander à leur roi de changer. Ils voulaient la démocratie et l'**égalité**, et ils étaient prêts à se battre pour cela si nécessaire. Au fur et à mesure que la nouvelle se répandait dans la ville, de plus en plus de personnes se joignaient à la foule grandissante, jusqu'à ce qu'il y ait une armée en son sein, prête à affronter quiconque tenterait de les arrêter. Le roi, bien sûr, n'était pas prêt à abandonner son **pouvoir** sans se battre. Il a fait appel aux militaires pour réprimer le soulèvement, mais ils ont rapidement été **dépassés par**

Franska revolutionen

Det var en mörk och stormig natt. Det var en sådan natt som fick en att tro att allt kunde hända. Och just denna natt, år 1789, hände något. Det var början på den franska revolutionen. Det franska folket har varit **olyckligt i** många år. De var trötta på att styras av en kung som brydde sig mer om sig själv än om sina undersåtar. De var trötta på att bli beskattade för att betala hans **överdådiga** livsstil medan de kämpade för att klara sig själva. Och de var särskilt trötta på att se sina vänner och familjer dö i krig som han startade för skojs skull. Det räckte med det! Den här ödesdigra natten samlades en grupp **modiga** män och kvinnor i centrala Paris för att kräva förändring av sin kung. De ville ha demokrati och **jämlikhet,** och de var beredda att slåss för det om det behövdes. När ryktet spreds i staden anslöt sig fler och fler människor till den växande skaran, tills det fanns en armé i dess kärna, redo att ta sig an alla som försökte stoppa dem. Kungen tänkte naturligtvis inte ge upp sin **makt** utan strid. Han kallade in militären för att slå ner upproret, men de blev snabbt **underlägsna i antal** och matchade av revolutionärerna. Folket kämpade med passion och beslutsamhet, och inom några dagar hade de tagit kontroll över staden.

le nombre et par les révolutionnaires. Les gens se sont battus avec passion et détermination, et en quelques jours, ils ont pris le contrôle de la ville.

La révolution a commencé ! Pendant des mois, les **combats** se poursuivent alors que les révolutionnaires tentent de diffuser leur **message** dans toute la France. Ils se heurtent à la résistance de ceux qui soutiennent encore le roi, mais ils finissent par gagner suffisamment de cœurs et d'esprits pour faire de réels progrès. Finalement, après des années de lutte, la démocratie est déclarée victorieuse et le roi Louis XVI est **renversé**. La Révolution française était terminée... du moins c'est ce qu'il semblait. Malheureusement, la nouvelle démocratie n'a pas duré longtemps. Le peuple est divisé sur le type de gouvernement qu'il souhaite, et une nouvelle guerre civile éclate rapidement. Cette fois, elle a été encore **plus sanglante** que la première, les **frères** se battant les uns contre les autres. Le pays est dans le chaos, mais de ce chaos, un nouveau leader émerge. Il s'appelait Napoléon Bonaparte, et il a rapidement accédé au pouvoir en promettant d'apporter l'ordre à cette nation **chaotique**. Et pendant un temps, il semblait qu'il allait réussir.

Revolutionen har börjat! Under flera månader fortsatte **striderna** medan revolutionärerna försökte sprida sitt **budskap i** hela Frankrike. De mötte motstånd från dem som fortfarande stödde kungen, men så småningom vann de tillräckligt många hjärtan och sinnen för att göra verkliga framsteg. Slutligen, efter år av kamp, förklarades demokratin segrande och kung Ludvig XVI **störtades**. Den franska revolutionen hade kommit till ett slut... eller så verkade det. Tyvärr varade den nya demokratin inte länge. Folket var oense om vilken typ av regering de ville ha, och inom kort var det ett nytt inbördeskrig. Den här gången var det ännu **blodigare** än det första, då **bror** slogs mot bror. Landet befann sig i kaos, men ur detta kaos framträdde en ny ledare. Han hette Napoleon Bonaparte, och han steg snabbt till makten genom att lova att bringa ordning i den **kaotiska** nationen. Och för en tid verkade det som om han skulle lyckas.

Questions de compréhension

1. Qu'est-ce que la Révolution française ?

2. Pourquoi le peuple français était-il malheureux ?

3. Que voulait le peuple de son roi ?

4. Que s'est-il passé lors de la nuit fatidique ?

5. Qui était Napoléon Bonaparte ?

6. Qu'a fait Napoléon pour la France ?

7. Pourquoi les ennemis de Napoléon se sont-ils soulevés contre lui ?

8. Quel a été l'héritage de la Révolution française ?

9. Que dit le texte sur la démocratie ?

10. Que dit le texte sur la place de la Révolution française dans l'histoire ?

Frågor om förståelse

1. Vad var den franska revolutionen?

2. Varför var folket i Frankrike olyckligt?

3. Vad ville folket ha av sin kung?

4. Vad hände den ödesdigra natten?

5. Vem var Napoleon Bonaparte?

6. Vad gjorde Napoleon för Frankrike?

7. Varför reste sig Napoleons fiender mot honom?

8. Vad var arvet från den franska revolutionen?

9. Vad säger texten om demokrati?

10. Vad säger texten om den franska revolutionens plats i historien?

Monet

Le soleil se couche, et le ciel s'embrase de couleurs. Monet était assis sur la rive de la **rivière**, peignant la scène devant lui. La lumière dansait sur l'eau, créant un **millier de** teintes différentes. Le pinceau de Monet volait sur la toile, capturant tout. Il a toujours été attiré par la couleur. Enfant, il passait des heures à contempler des **arcs-en-ciel** et des couchers de soleil. Sa mère avait l'habitude de lui dire qu'il était né avec un **pinceau à** la main. Et elle avait raison : dès son plus jeune âge, Monet savait qu'il voulait être un artiste. À vingt-cinq ans, il était l'un des peintres les plus célèbres de France. Il avait exposé ses œuvres à Paris et à Londres, et ses peintures étaient recherchées par les **collectionneurs de** toute l'Europe. Mais quel que soit son succès, Monet est toujours resté humble ; pour lui, l'art n'était pas une question de gloire ou de fortune - il s'agissait simplement d'exprimer la beauté par la **couleur**.

Ce soir, Monet peignait l'un de ses sujets favoris : la Seine. Il avait toujours été fasciné par la façon dont l'**eau** changeait de couleur selon l'heure du jour et les conditions **météorologiques**. C'était comme une toile vivante, en constante évolution. Il plongea son pinceau dans la **peinture** et commença à travailler.

Monet

Solen höll på att gå ner och himlen var fylld av färger. Monet satt på **flodbanken och** målade scenen framför sig. Ljuset dansade på vattnet och skapade **tusen** olika nyanser. Monets pensel flög över duken och fångade allt. Han hade alltid dragits till färger. Som barn tillbringade han timmar med att stirra på **regnbågar** och solnedgångar. Hans mamma brukade säga till honom att han föddes med en **pensel** i handen. Och hon hade rätt - Monet visste redan från tidig ålder att han ville bli konstnär. Vid tjugofem års ålder var han en av Frankrikes mest hyllade målare. Han hade ställt ut sina verk i Paris och London, och hans målningar var eftertraktade av **samlare** över hela Europa. Men oavsett hur mycket framgång han nådde förblev Monet alltid ödmjuk; för honom handlade konsten inte om berömmelse eller förmögenhet - den handlade helt enkelt om att uttrycka skönhet genom **färg**.

I kväll målade Monet ett av sina favoritmotiv: floden Seine. Han hade alltid varit fascinerad av hur **vattnet** ändrade färg beroende på tid på dagen och väderförhållanden. Det var som en levande duk, som ständigt utvecklades. Han doppade sin pensel i **färgen** och började arbeta. Ljuset bleknade snabbt,

La lumière déclinait rapidement, mais cela ne le dérangeait pas ; il aimait peindre au crépuscule. Il y avait quelque chose de **magique**, comme si tout était possible. Soudain, il entendit des bruits de pas derrière lui. Il se retourne pour voir une jeune femme marcher vers lui. Elle semblait perdue et confuse, et Monet ne pouvait s'empêcher d'être attiré par elle. Alors qu'elle se rapprochait, Monet a pu voir qu'elle était très **belle**. Elle avait de longs **cheveux** noirs et des yeux bleus perçants. Elle lui rappelait quelqu'un... mais il n'arrivait pas à savoir qui c'était.

"Excusez-moi", dit-elle doucement, "Savez-vous où je suis ?" "Vous êtes en France", répond Monet en souriant, "mais plus précisément, vous vous trouvez devant mon chevalet". La femme a l'air **surprise**. Je suis désolée, je ne voulais pas m'imposer... Je cherche juste quelqu'un. "Qui cherchez-vous ?" demande Monet avec curiosité. "Je m'appelle Anna", répond-elle. "Je cherche un **artiste** qui s'appelle Claude Monet." Le coeur de Monet a fait un bond quand il l'a entendue dire son nom. Serait-ce la même Anna qu'il avait connue autrefois ? Il ne l'avait pas vue depuis qu'ils étaient tous deux **enfants**. Mais ça ne peut pas être une coïncidence, n'est-ce pas ? Sans un mot de plus, Monet remballe ses peintures et ses pinceaux. Puis, sans réfléchir davantage, il prend la main d'Anna et l'emmène loin de la rive. Ils **marchent dans les** rues de Paris jusqu'à ce qu'ils atteignent son **atelier**.

men det störde honom inte; han älskade att måla i skymningstimmarna. Det var något **magiskt** med det, som om allt var möjligt. Plötsligt hörde han fotsteg bakom sig. Han vände sig om och såg en ung kvinna gå mot honom. Hon såg vilsen och förvirrad ut, och Monet kunde inte låta bli att känna sig dragen till henne. När hon kom närmare kunde Monet se att hon var mycket **vacker**. Hon hade långt, mörkt **hår** och genomträngande blå ögon. Hon påminde honom om någon ... men han kunde inte riktigt placera ut vem det var.

"Ursäkta mig", sade hon mjukt, "vet du var jag är?" "Du är i Frankrike", svarade Monet med ett leende, "men närmare bestämt står du framför mitt staffli." Kvinnan såg **förvånad** ut. Jag är ledsen, det var inte meningen att tränga mig på... Jag letar bara efter någon. "Vem letar du efter?" frågade Monet nyfiket. "Jag heter Anna", svarade hon. "Jag letar efter en **konstnär som** heter Claude Monet." Monets hjärta hoppade över ett slag när han hörde henne säga hans namn. Kunde detta vara samma Anna som han en gång hade känt? Han hade inte sett henne sedan de båda var **barn**. Men det kunde väl inte vara en tillfällighet? Utan ett ord till packade Monet ihop sina färger och penslar. Och sedan, utan att tänka vidare, tog han Annas hand och ledde henne bort från flodbanken. De **gick** genom Paris gator tills de nådde sin **ateljé**.

Questions de compréhension

1. Que représente l'art pour Monet ?

2. Pourquoi Monet est-il attiré par la femme qu'il rencontre ?

3. A quoi la femme lui fait-elle penser ?

4. Où Monet emmène-t-il la femme qu'il rencontre ?

5. Comment Monet connaît-il la femme qu'il rencontre ?

6. Quel est le sujet que Monet préfère peindre ?

7. À quel moment de la journée Monet préfère-t-il peindre ?

8. Dans quel autre endroit l'œuvre de Monet est-elle exposée ?

9. Que pense Monet de son succès ?

10. Quand Monet a-t-il vu pour la dernière fois la femme qu'il rencontre ?

Frågor om förståelse

1. Vad säger Monet att konsten är för honom?

2. Varför dras Monet till kvinnan han möter?

3. Vad påminner kvinnan honom om?

4. Vart tar Monet med sig kvinnan han möter?

5. Hur känner Monet kvinnan han möter?

6. Vilket är Monets favoritmotiv att måla?

7. Vilken tid på dagen föredrar Monet att måla?

8. På vilken annan plats finns Monets verk utställda?

9. Hur känner sig Monet inför sin framgång?

10. När såg Monet senast kvinnan han möter?

Festival du film de Cannes

Le Festival de Cannes est l'un des événements les plus **prestigieux** de l'industrie cinématographique. Chaque année, la crème de la crème d'Hollywood descend sur la Côte d'Azur pour deux semaines de paillettes, de glamour et de **magie** cinématographique. Cette année n'a pas dérogé à la règle, puisque des vedettes du monde entier sont venues participer à ce que l'on appelle désormais "l'expérience ultime du festival du film". Pour l'actrice en herbe Lily James, participer au festival de Cannes était un rêve devenu réalité. Elle a toujours voulu faire partie de l'**action** et voir de près comment les plus grands noms d'Hollywood opèrent. Aussi, lorsqu'elle a reçu une invitation à participer au **festival de** cette année en tant qu'invitée de son ami et camarade acteur Ryan Gosling, elle n'a pas pu dire non. Lily est arrivée le premier jour du festival et s'est immédiatement sentie comme un **poisson** hors de l'eau. Elle n'avait pas l'habitude d'être entourée de tant de richesse et de luxe. Mais elle s'est vite retrouvée au cœur de l'effervescence, profitant de chaque minute de son séjour à Cannes. Elle a assisté à des soirées organisées par de **grands** studios, a côtoyé les plus grandes stars d'Hollywood et a même décroché un rôle

Filmfestivalen i Cannes

Filmfestivalen i Cannes är ett av de mest **prestigefyllda** evenemangen inom filmindustrin. Varje år kommer de bästa och smartaste i Hollywood till den franska Rivieran för två veckor av glitter, glamour och **magi för** filmskapande. I år var det inte annorlunda, eftersom toppartister från hela världen kom för att delta i vad som har blivit känt som "den ultimata filmfestivalupplevelsen". För den blivande skådespelerskan Lily James var det en dröm som gick i uppfyllelse att delta i Cannes. Hon hade alltid velat vara med och se **hur de** största namnen i Hollywood arbetar. Så när hon fick en inbjudan att delta i årets **festival** som gäst hos sin vän och skådespelarkollega Ryan Gosling kunde hon inte säga nej. Lily anlände på festivalens första dag och kände sig genast som en **fisk i** vattnet. Hon var inte van vid att vara omgiven av så mycket rikedom och lyx. Men hon fann sig snart fångad av all spänning och njöt av varje minut av sin tid i Cannes. Hon deltog i fester som anordnades av **stora** studior, umgicks med några av Hollywoods största stjärnor och fick till och med en eftertraktad roll i en kommande storfilm regisserad av Quentin Tarantino själv! Det var allt hon någonsin hade kunnat drömma om - och mer

convoité dans une superproduction à venir, réalisée par Quentin Tarantino lui-même ! C'était tout ce dont elle aurait pu rêver, et plus encore.

Les jours suivants se sont écoulés dans un flou total pour Lily. Elle se levait tôt chaque **matin**, assistait à des conférences de presse et à des événements sur le tapis rouge pendant la journée, puis se rendait aux soirées le soir. Elle en appréciait chaque minute, mais elle commençait aussi à se sentir un peu **dépassée**. Un soir, elle s'est retrouvée assise au bord du **balcon de** son hôtel, à contempler les lumières scintillantes de Cannes. Tout était si beau, mais aussi si écrasant. Soudain, elle a senti quelqu'un s'asseoir à côté d'elle et poser une main **réconfortante** sur son épaule. C'était Ryan Gosling. Il avait gardé un œil sur elle de loin et pouvait voir qu'elle commençait à être dépassée par les événements. Il a donc décidé d'aller la voir et de s'assurer qu'elle allait **bien**. Ils sont restés assis ensemble pendant un moment, à discuter et à profiter de la compagnie de l'autre sous les étoiles"("Je suis si heureux que tu sois là, Lily", a finalement dit Ryan. Ce festival peut être très difficile à gérer, mais c'est aussi une **expérience** incroyable. Je suis juste heureux que tu puisses la partager avec moi. "

därtill.

De följande dagarna gick i oskärpa för Lily. Hon var uppe tidigt varje **morgon,** deltog i presskonferenser och evenemang på röda mattan under dagen och gick sedan till festerna på kvällen. Hon älskade varje minut av det, men hon började också känna sig lite **överväldigad**. En kväll satt hon på kanten av sin **hotellbalkong och** tittade ut på de blinkande ljusen i Cannes. Allt var så vackert, men också så överväldigande. Plötsligt kände hon att någon satte sig bredvid henne och lade en **tröstande** hand på hennes axel. Det var Ryan Gosling. Han hade hållit ett öga på henne på avstånd och kunde se att hon började bli överväldigad av allting. Så han bestämde sig för att titta till henne och se om hon mådde **bra**. De satt där tillsammans en stund och pratade bara och njöt av varandras sällskap under stjärnorna."(("Jag är så glad att du är här, Lily", sa Ryan till slut. Den här festivalen kan vara mycket att hantera, men den är också en otrolig **upplevelse**. Jag är bara glad att du får dela den med mig. "

Questions de compréhension

1. Qu'est-ce que le Festival de Cannes ?

2. Quelle est l'importance du Festival de Cannes ?

3. Qui a participé au Festival de Cannes cette année ?

4. Quelle a été l'expérience de Lily James au Festival du film de Cannes ?

5. Comment Ryan Gosling a-t-il aidé Lily James au Festival de Cannes ?

6. Qu'ont fait Lily James et Ryan Gosling à la fin du festival ?

7. Qu'est-il arrivé à Lily James après le Festival de Cannes ?

8. Quel est le film dans lequel Lily James a joué après le Festival de Cannes ?

9. Comment le film a-t-il été accueilli après sa sortie ?

10. Que pense Lily James de son expérience au Festival de Cannes ?

Frågor om förståelse

1. Vad är filmfestivalen i Cannes?

2. Vilken betydelse har filmfestivalen i Cannes?

3. Vem deltog i filmfestivalen i Cannes i år?

4. Hur upplevde Lily James filmfestivalen i Cannes?

5. Hur hjälpte Ryan Gosling Lily James på filmfestivalen i Cannes?

6. Vad gjorde Lily James och Ryan Gosling i slutet av festivalen?

7. Vad hände med Lily James efter filmfestivalen i Cannes?

8. Vilken film spelade Lily James huvudrollen i efter filmfestivalen i Cannes?

9. Hur gick det för filmen efter att den släpptes?

10. Vad tyckte Lily James om sin upplevelse på filmfestivalen i Cannes?

Camembert

La première fois que j'ai goûté du camembert, c'était lors d'un voyage en France avec ma famille. Nous séjournions dans un petit **village de** la vallée de la Loire et, un soir, nous avons décidé de nous rendre à la fromagerie locale. Le commerçant nous a accueillis chaleureusement et nous a offert à chacun un morceau de ce fromage doux et **crémeux** sur une baguette croustillante. C'était le coup de foudre. Depuis lors, j'ai toujours eu un faible pour le camembert. Chaque fois que je le vois sur un menu ou à l'épicerie, je ne peux pas résister à l'envie de l'acheter. Même s'il n'est pas vraiment **bon marché**, il vaut chaque centime pour ce moment de pur bonheur où l'on prend la première bouchée. Ce soir, je m'offre un dîner spécial composé de poulet **rôti** maison, de pommes de terre au romarin et, bien sûr, de camembert cuit dans son petit plat **en céramique**. Rien que d'y penser, j'en ai l'eau à la bouche. Je mets la table avec mes meilleures assiettes et mes meilleurs verres, j'allume une bougie et je me sers un verre de vin blanc. Puis je me dirige vers la cuisine pour vérifier la nourriture. Le **poulet** était presque prêt, alors je l'ai mis sous le gril pour le faire dorer quelques minutes. Les pommes de terre sont croustillantes et dorées, comme je les aime. Et le camembert commence à suinter de sa croûte - parfait !

Camembert

Första gången jag smakade camembert var på en resa till Frankrike med min familj. Vi bodde i en liten **by** i Loiredalen och en kväll bestämde vi oss för att gå in i det lokala fromageriet. Butiksägaren hälsade oss varmt och erbjöd oss varsin bit av den mjuka, **krämiga** osten på en knaprig baguette. Det var kärlek vid första tuggan. Sedan dess har jag alltid varit svag för camembert. När jag ser den på en meny eller i en livsmedelsbutik kan jag inte motstå att köpa den. Även om den inte är helt **billig** är den värd varenda krona för den där stunden av ren lycka när man tar den första tuggan. Ikväll ska jag unna mig en speciell middag med hemlagad **stekt** kyckling med rosmarinpotatis och naturligtvis camembert bakad i sin egen lilla keramikskål. Bara att tänka på det får min mun att vattnas. Jag täcker bordet med mina bästa tallrikar och glas, tänder ett ljus och häller upp ett glas vitt vin. Sedan går jag in i köket för att kontrollera maten. **Kycklingen** var nästan klar, så jag lägger den under grillen för att brynas i några minuter. Potatisen är krispig och gyllene, precis som jag vill ha den. Och camemberten börjar sippra ut ur skalet - perfekt!

Jag lade upp allt på min tallrik och satte mig vid bordet. Att ta den första tuggan av den ostiga godheten är rena

J'ai tout mis dans mon assiette et je me suis assis à la table. Prendre cette première bouchée de fromage est un pur **délice...** meilleur que n'importe quel repas de restaurant que j'ai pu manger ! Alors que je savoure chaque morceau de nourriture dans mon assiette, je sais que c'est un dîner dont je me souviendrai toujours avec émotion. Ce soir, je partage mon amour du camembert avec mes propres enfants. Ils n'en ont jamais mangé auparavant, alors je suis impatiente de voir leur **réaction**. Comme prévu, ils sont tous deux sceptiques à la première bouchée. Mais après quelques bouchées supplémentaires (et un peu de conviction de ma part), ils sont tous les deux accros ! Il semble que nous aurons plus souvent du camembert au dîner à partir de maintenant. Mes goûts changent et évoluent avec l'âge. Mais une chose qui est restée constante, c'est mon **amour** pour le camembert. Ces jours-ci, j'aime **expérimenter** avec différentes recettes et associations. Je l'ai essayé avec toutes sortes de fruits, de confitures et même de **charcuterie**. C'est toujours délicieux !

himmelriket... bättre än någon restaurangmåltid jag någonsin ätit! När jag njuter av varenda liten bit mat på min tallrik vet jag att detta kommer att bli en middag som jag alltid kommer att minnas med glädje. Ikväll delar jag min kärlek till camembert med mina egna barn. De har aldrig ätit det förut, så jag är spänd på att se deras **reaktion**. Som väntat är de båda skeptiska vid första tuggan. Men efter några fler munsbitar (och lite övertalning från mig) är de båda fast! Det ser ut som om vi kommer att äta camembert till middag oftare från och med nu. Min smak förändras och utvecklas när jag blir äldre. Men en sak som har förblivit konstant är min **kärlek** till camembert. Numera gillar jag att **experimentera** med olika recept och kombinationer. Jag har provat den med alla möjliga sorters frukter, sylt och till och med med torkat **kött**. Den är alltid utsökt!

Questions de compréhension

1. Quel est le premier souvenir de l'auteur concernant le camembert ?

2. Qu'a fait le commerçant lorsque l'auteur et sa famille sont entrés dans la fromagerie ?

3. Que dit l'auteur du camembert par rapport aux repas de restaurant ?

4. Qu'est-ce que l'auteur fait de différent avec le camembert quand elle se sent aventureuse ?

5. Comment l'auteur mange-t-il habituellement le camembert ?

6. Que dit l'auteur à propos du goût du camembert ?

7. Que dit l'auteur à propos du prix du camembert ?

8. Où l'auteur dit-elle avoir mangé du camembert pour la première fois ?

9. Quelle est l'opinion de l'auteur sur le camembert ?

10. À quoi le camembert fait-il penser pour l'auteur ?

Frågor om förståelse

1. Vilket är författarens första minne av camembert?

2. Vad gjorde butiksinnehavaren när författaren och hennes familj kom in i fromageriet?

3. Vad säger författaren om Camembert i jämförelse med restaurangmat?

4. Vad gör författaren annorlunda med Camembert när hon känner sig äventyrlig?

5. Hur brukar författaren äta camembert?

6. Vad säger författaren om smaken av camembert?

7. Vad säger författaren om priset på camembert?

8. Var säger författaren att hon först åt camembert?

9. Vad anser författaren om camembert?

10. Vad påminner Camembert författaren om?

Le Louvre

Le Louvre était autrefois un grand **palais**, où vivaient les rois et les reines de France. Mais aujourd'hui, c'est un musée, rempli d'art et d'histoire. Les visiteurs viennent du monde entier pour voir la Joconde, la Vénus de Milo et d'autres œuvres d'art célèbres. Mais il y a une peinture qui n'est pas exposée. Elle est cachée dans une pièce **secrète**, au plus profond du Louvre. Cette peinture s'appelle "La Cène". Il a été peint par Léonard de Vinci, mais il n'a jamais été terminé. Certains disent que Léonard de Vinci l'a laissé inachevé parce qu'il savait qu'un jour il vaudrait plus que n'importe quel autre **tableau** dans le monde. Personne ne sait avec certitude pourquoi le tableau est **caché**. Mais certains pensent qu'elle contient un **message** secret de De Vinci lui-même. Un message qui pourrait changer le monde à jamais. Le Louvre est l'une des destinations touristiques les plus populaires de Paris. Mais ce jour-là, il n'y a qu'un seul visiteur. Une jeune femme nommée Sarah. Elle est venue voir le tableau de la Cène. Sarah sait que le tableau est **inachevé**. Mais elle sait aussi qu'il contient un message caché. Un message de Léonard de Vinci lui-même.

Elle a étudié le tableau pendant des années et elle

Louvren

Louvren var en gång ett stort **palats där** franska kungar och drottningar bodde. Men nu är det ett museum, fyllt av konst och historia. Besökare kommer från hela världen för att se Mona Lisa, Venus de Milo och andra berömda konstverk. Men det finns en målning som inte är utställd. Den är gömd i ett **hemligt** rum, djupt inne i Louvren. Den här målningen kallas "Den sista måltiden". Den målades av Leonardo da Vinci, men den blev aldrig färdig. Vissa säger att Da Vinci lämnade den oavslutad eftersom han visste att den en dag skulle vara värd mer än någon annan **målning** i världen. Ingen vet säkert varför målningen är gömd. Men vissa tror att den innehåller ett hemligt **meddelande** från da Vinci själv. Ett meddelande som skulle kunna förändra världen för alltid. Louvren är ett av de mest populära turistmålen i Paris. Men den här dagen finns det bara en besökare. En ung kvinna vid namn Sarah. Hon har kommit för att se målningen Den sista måltiden. Sarah vet att målningen är **ofullbordad**. Men hon vet också att den innehåller ett dolt budskap. Ett meddelande från Leonardo da Vinci själv.

Hon har studerat målningen i flera år och är övertygad om att hon kan **avkoda** budskapet om hon bara kan få en närmare titt på den. Men när Sarah försöker

est convaincue qu'elle peut **décoder le** message si elle parvient à l'observer de plus près. Mais lorsque Sarah tente d'entrer dans la pièce où est conservée la peinture, elle la trouve **fermée à clé**. Il doit y avoir un autre moyen d'entrer, se dit-elle. Elle commence à chercher une porte cachée ou un passage secret. Sarah passe des heures à chercher un moyen d'entrer dans la pièce secrète, mais elle ne trouve rien. Elle est sur le point d'abandonner lorsqu'elle entend quelqu'un se diriger vers elle dans le **couloir**. C'est la sécurité ! Ils l'ont surprise en train de fouiner, et maintenant ils vont la jeter hors du Louvre. Sarah est escortée hors du Louvre par la sécurité. Mais elle ne se **décourage** pas. Elle sait que le tableau contient un message de Léonard de Vinci. Et elle est déterminée à le trouver. Plus tard dans la nuit, Sarah retourne au Louvre. Elle escalade la clôture et se faufile dans le bâtiment. Elle se dirige vers la pièce secrète, et cette fois, elle trouve une porte cachée. Elle **entre dans la** pièce, et là, devant elle, se trouve “La Cène”.

komma in i rummet där målningen förvaras finner hon det **låst**. Det måste finnas en annan väg in, tänker hon för sig själv. Hon börjar leta efter en dold dörr eller en hemlig passage. Sarah tillbringar timmar med att leta efter en väg in i det hemliga rummet, men hon kan inte hitta något. Hon är på väg att ge upp när hon hör någon komma nerför **hallen** mot henne. Det är säkerhetsvakten! De har kommit på henne med att snoka runt, och nu ska de kasta ut henne från Louvren. Sarah eskorteras ut ur Louvren av vakterna. Men hon låter sig inte **avskräckas**. Hon vet att målningen innehåller ett meddelande från Leonardo da Vinci. Och hon är fast besluten att hitta det. Senare på kvällen återvänder Sarah till Louvren. Hon klättrar över staketet och smyger in i byggnaden. Hon tar sig fram till det hemliga rummet, och den här gången hittar hon en dold dörr. Hon **går in i** rummet, och där framför henne finns "Den sista måltiden".

Questions de compréhension

1. Quel est le nom du tableau qui est caché au Louvre ?

2. Qui a peint la Cène ?

3. Pourquoi le tableau est-il caché ?

4. Comment Sarah sait-elle que le tableau contient un message caché ?

5. Que trouve Sarah lorsqu'elle décode le message de Léonard de Vinci ?

6. Pourquoi Sarah ne peut-elle parler à personne du message qu'elle a trouvé ?

7. Quel est le plan de Sarah pour financer ses propres recherches ?

8. Que se passerait-il si l'on apprenait le message caché de la peinture ?

9. Que pense Sarah du décodage du message ?

10. Quel thème est présent dans le texte ?

Frågor om förståelse

1. Vad heter målningen som är gömd i Louvren?

2. Vem målade den sista måltiden?

3. Varför är målningen gömd?

4. Hur vet Sarah att målningen innehåller ett dolt budskap?

5. Vad upptäcker Sarah när hon avkodar meddelandet från Leonardo da Vinci?

6. Varför kan Sarah inte berätta för någon om meddelandet hon hittade?

7. Vad är Sarahs plan för att finansiera sin egen forskning?

8. Vad skulle hända om det blev känt att målningen har ett dolt budskap?

9. Hur känner sig Sarah när hon avkodar meddelandet?

10. Vilket tema finns med i texten?

Mont Blanc

L'air était **raréfié** et le froid mordant. Mais je m'en fichais. Cela faisait des années que je rêvais de ce moment - me retrouver enfin au sommet du Mont Blanc, la plus haute **montagne** d'Europe. J'ai commencé mon ascension tôt le matin, avant que le soleil n'ait eu le temps de réchauffer les choses. Au début, c'était difficile, mais j'ai vite trouvé mon **rythme** et je me suis installé à un rythme confortable. De temps en temps, je m'arrêtais pour reprendre mon souffle et admirer la vue magnifique qui m'entourait. À mesure que je prenais de l'altitude, le paysage changeait radicalement. Les champs **verts** et les forêts d'en bas avaient disparu au profit de rochers **déchiquetés** couverts de neige et de glace. Mais j'ai continué à avancer, jusqu'à ce que j'atteigne le sommet. Il n'y avait pas grand-chose à voir là-haut - juste d'autres **rochers** couverts de neige - mais cela n'avait pas d'importance. J'ai réussi ! Contre toute attente, j'avais gravi le Mont Blanc.

La montée avait été longue et difficile, mais j'étais enfin au sommet du Mont Blanc. La vue était incroyable, je pouvais voir à des kilomètres dans toutes les directions. Mais plus que cela, j'ai ressenti un sentiment d'**accomplissement**. C'était quelque chose que

Mont Blanc

Luften var **tunn** och kylan var bitande. Men jag brydde mig inte. Jag hade drömt om detta ögonblick i flera år - att äntligen stå på toppen av Mont Blanc, Europas högsta **berg.** Jag började min uppstigning tidigt på morgonen, innan solen hade hunnit värma upp. Till en början var det svårt att ta sig fram, men jag hittade snart min **rytm** och kom in i ett behagligt tempo. Då och då stannade jag för att hämta andan och ta in den fantastiska utsikten runt omkring mig. När jag kom högre och högre upp förändrades landskapet dramatiskt. Borta var de **gröna** fälten och skogarna längre ner; i stället fanns det **kuperade** klippor täckta av snö och is. Men jag fortsatte ändå, tills jag till slut nådde toppen. Det fanns inte mycket att se där uppe - bara fler snötäckta **stenar -** men det spelade ingen roll. Jag klarade det! Mot alla odds hade jag bestigit Mont Blanc.

Det hade varit en lång och hård **uppstigning,** men äntligen stod jag på toppen av Mont Blanc. Utsikten var otrolig - jag kunde se i flera kilometer i alla riktningar. Men mer än så kände jag en känsla av att **ha lyckats**. Detta var något jag alltid hade velat göra, och nu har jag gjort det! Jag njöt av ögonblicket så länge jag

j'avais toujours voulu faire, et maintenant je l'ai fait ! J'ai savouré ce moment aussi longtemps que possible avant d'entamer ma descente. La descente a été beaucoup plus facile que la montée, et j'ai rapidement retrouvé des altitudes **plus basses** où l'air était plus épais et la **température** plus chaude. Alors que je retournais vers la **civilisation**, toutes sortes d'émotions me traversaient l'esprit : fierté, joie, satisfaction. Ce fut un voyage épique, tant sur le plan physique que mental, mais qui en valait vraiment la peine. C'était le rêve de **toute une vie** d'escalader le Mont Blanc, et j'y étais enfin parvenu. Le sentiment d'accomplissement était indescriptible lorsque je me tenais au sommet et que je regardais la vue imprenable dans toutes les directions.

Mais le voyage n'a pas été facile. Il y a eu des moments où j'ai cru que je n'y arriverais pas, mais j'ai trouvé la **force** de continuer. Maintenant que c'était terminé, je pouvais regarder en arrière avec fierté et **satisfaction**. J'ai vécu une expérience incroyable du début à la fin, une expérience qui restera gravée dans ma mémoire pour le reste de ma vie. Et qui sait, peut-être qu'un jour, je reviendrai pour tenter à nouveau de **conquérir la** plus haute montagne d'Europe. J'avais toujours voulu escalader le Mont Blanc, mais je n'avais jamais pensé que je le ferais. Mais j'étais là, debout sur le **sommet**, avec un sentiment d'accomplissement comme jamais auparavant.

kunde innan jag påbörjade min nedstigning. Att gå ner var mycket lättare än att komma upp, och snart nog var jag tillbaka på **lägre** höjd där luften var tjockare och **temperaturen** varmare. När jag tog mig tillbaka till **civilisationen** gick alla sorters känslor igenom mitt sinne - stolthet, glädje, tillfredsställelse. Det hade varit en episk resa, både fysiskt och mentalt, men en resa som definitivt var värd det i slutändan. Det hade varit en **livslång** dröm att bestiga Mont Blanc, och äntligen hade jag gjort det. Känslan av prestation var obeskrivlig när jag stod på toppen och tittade ut över den fantastiska utsikten i alla riktningar.

Men resan uppåt hade inte varit lätt. Det fanns tillfällen då jag trodde att jag inte skulle klara det, men på något sätt hittade jag **styrkan att** fortsätta. Nu när den var över kunde jag se tillbaka på den med stolthet och **tillfredsställelse**. Det hade varit en otrolig upplevelse från början till slut, en upplevelse som skulle stanna kvar hos mig resten av mitt liv. Och vem vet - kanske kommer jag någon gång snart tillbaka för ett nytt försök att **erövra** Europas högsta berg. Jag hade alltid velat bestiga Mont Blanc, men aldrig trott att jag faktiskt skulle göra det. Men där stod jag på **toppen** och kände en känsla av prestation som aldrig tidigare.

Questions de compréhension

1. Quel était le but de l'auteur en escaladant le Mont Blanc ?

2. Qu'a ressenti l'auteur en atteignant le sommet ?

3. Quelle a été la partie la plus difficile de l'ascension pour l'auteur ?

4. Comment le paysage changeait-il au fur et à mesure que l'auteur montait en altitude ?

5. Pourquoi le sentiment d'accomplissement était-il indescriptible pour l'auteur ?

6. Comment l'auteur s'est-il senti après avoir terminé l'ascension ?

7. Quelles émotions l'auteur a-t-il ressenties pendant l'ascension ?

8. À quoi l'auteur a-t-il pensé en descendant la montagne ?

9. Quelle a été la réaction de l'auteur après la conquête du Mont Blanc ?

10. Que compte faire l'auteur à l'avenir concernant le Mont-Blanc ?

Frågor om förståelse

1. Vad var författarens mål med att bestiga Mont Blanc?

2. Hur kände sig författaren när han nådde toppen?

3. Vad var den svåraste delen av klättringen för författaren?

4. Hur förändrades landskapet när författaren klättrade högre upp?

5. Varför var känslan av prestation obeskrivlig för författaren?

6. Hur kände sig författaren efter att ha klarat klättringen?

7. Vilka känslor upplevde författaren under klättringen?

8. Vad tänkte författaren på när han gick ner för berget?

9. Hur reagerade författaren när han besegrade Mont Blanc?

10. Vad planerar författaren att göra i framtiden när det gäller Mont Blanc?

Champagne

La première fois que j'ai goûté du champagne, c'était lors d'une **soirée du** Nouvel An. Mes amis et moi étions serrés autour de la table de la **cuisine**, riant et plaisantant en attendant que minuit arrive. Nous avions chacune apporté notre propre bouteille de champagne, et lorsque l'horloge a sonné douze coups, nous les avons toutes ouvertes et applaudies. Les **bulles** ont chatouillé mon nez lorsque j'ai pris une gorgée, et le goût ne ressemblait à rien de ce que j'avais connu auparavant. C'était doux et léger, avec juste une pointe d'acidité. J'avais l'impression de flotter sur un **nuage** en sirotant mon champagne ce soir-là, et il est rapidement devenu ma nouvelle boisson préférée. Depuis lors, le champagne a toujours été associé à des occasions spéciales dans mon esprit. Qu'il s'agisse de fêter un anniversaire ou de célébrer la nouvelle année, ouvrir une bouteille de champagne donne toujours l'impression de quelque chose de spécial. Et même si le champagne peut être dégusté à n'importe quelle heure du jour ou de la nuit, il y a quelque chose dans le fait de le **boire** le matin qui me fait me sentir encore plus **chic** ! Alors cette année, quand le jour de l'an est revenu, j'ai décidé de commencer 2019 en m'offrant un petit déjeuner au champagne.

Champagne

Första gången jag smakade champagne var på en **nyårsfest**. Mina vänner och jag satt alla samlade runt köksbordet och skrattade och skämtade medan vi väntade på att midnatt skulle komma. Vi hade tagit med oss varsin flaska bubbel och när klockan slog tolv öppnade vi alla flaskorna och jublade. **Bubblorna** kittlade min näsa när jag tog en klunk, och smaken liknade ingenting jag någonsin upplevt tidigare. Den var söt och lätt, med bara en aning syra. Det kändes som om jag svävade på ett **moln** när jag drack min champagne den kvällen, och den blev snabbt min nya favoritdryck. Sedan dess har champagne alltid förknippats med speciella tillfällen i mitt sinne. Vare sig det handlar om att fira en födelsedag eller att ringa in det nya året, känns det alltid som något speciellt att öppna en flaska bubbel. Och även om champagne kan avnjutas när som helst på dygnet är det något med att **dricka** den på morgonen som får mig att känna mig extra **fin**! Så i år, när nyårsdagen kom igen, bestämde jag mig för att börja 2019 med att bjuda mig själv på lite frukostchampagne.

Jag öppnade en flaska Veuve Clicquot Yellow Label Brut NV och hällde upp ett **glas**. Sedan satte jag mig vid mitt köksbord med min bärbara dator för att kolla

J'ai ouvert une bouteille de Veuve Clicquot Yellow Label Brut NV et je me suis versé un **verre**. Puis je me suis assise à la table de ma cuisine avec mon ordinateur portable pour vérifier mes e-mails et profiter de mon délicieux début d'année. Je ne sais pas ce qui m'a pris ce jour-là, mais pour une raison quelconque, le champagne avait un goût encore **meilleur** que d'habitude. J'ai continué à siroter mon verre pendant que je travaillais et j'ai fini la bouteille entière en un rien de temps ! Comme je me sentais un peu **pompette**, j'ai décidé de m'en offrir une autre. J'ai donc ouvert une autre bouteille de Veuve Clicquot et je me suis versé un autre verre. À l'heure du déjeuner, je me sentais plutôt **bien**. Le champagne m'avait définitivement mis d'humeur festive, et j'ai décidé d'appeler quelques amis pour voir s'ils voulaient se retrouver pour déjeuner. Quelques-uns d'entre eux étaient libres, alors nous nous sommes retrouvés dans un **restaurant** voisin. Nous avons tous commandé des sandwichs et des salades, et, bien sûr, encore du champagne. Nous avons fini par rester au restaurant jusqu'à sa fermeture, en riant et en discutant tout le temps. C'était une façon si **amusante** de commencer la nouvelle année.

mejl och njuta av min läckra start på det nya året. Jag är inte säker på vad som hände med mig den dagen, men av någon anledning smakade champagnen ännu **bättre** än vanligt. Jag fortsatte att smutta på mitt glas medan jag arbetade, och inom kort hade jag druckit upp hela flaskan! Eftersom jag kände mig lite **uppsluppen** bestämde jag mig för att bjuda på en till. Jag öppnade en ny flaska Veuve Clicquot och hällde upp ett nytt glas. Vid lunchtid mådde jag ganska **bra**. Champagnen hade definitivt satt mig på festligt humör och jag bestämde mig för att ringa några vänner för att höra om de ville träffas på lunch. Några av dem var lediga, så vi träffades på en **restaurang i** närheten. Vi beställde alla smörgåsar och sallader och naturligtvis mer champagne. Det slutade med att vi stannade på restaurangen tills den stängde och skrattade och pratade hela tiden. Det var ett så **roligt** sätt att börja det nya året.

Questions de compréhension

1. Quelle a été la première expérience de l'auteur avec le champagne ?

2. Comment l'auteur s'est-il senti après avoir bu du champagne au petit-déjeuner ?

3. Qu'a fait l'auteur quand il a vu le groupe d'adolescents ?

4. Pourquoi l'année 2019 a-t-elle été l'un des meilleurs réveillons de l'auteur ?

5. Quelle est l'opinion de l'auteur sur le champagne ?

6. A quoi le champagne fait-il penser pour l'auteur ?

7. Quel goût avait le champagne pour l'auteur le jour de l'an ?

8. Qu'est-ce que l'auteur a mangé à midi ?

9. Qu'a fait l'auteur en rentrant chez lui ?

10. Quel a été le résultat des activités du jour de l'an de l'auteur ?

Frågor om förståelse

1. Vad var författarens första erfarenhet av champagne?
2. Hur kände sig författaren efter att ha druckit champagne till frukost?
3. Vad gjorde författaren när han såg gruppen av tonåringar?
4. Varför var 2019 en av författarens bästa nyårsdagar?
5. Vad anser författaren om champagne?
6. Vad påminner champagne författaren om?
7. Hur smakade champagnen för författaren på nyårsdagen?
8. Vad åt författaren till lunch?
9. Vad gjorde författaren när de kom hem?
10. Vad blev resultatet av författarens aktiviteter på nyårsdagen?

La Tour Eiffel

La Tour Eiffel est l'un des monuments les plus **emblématiques** du monde. Pour beaucoup, elle symbolise la ville de l'**amour**, Paris. Mais pour une femme, elle a une signification beaucoup plus personnelle. Claire avait toujours rêvé de visiter la tour Eiffel. Enfant, elle regardait souvent des photos de la tour et **imaginait** ce que ce serait de se tenir à son sommet et de voir la ville entière en dessous d'elle. Lorsqu'elle a enfin eu l'âge de **voyager**, elle s'est assurée qu'un voyage à Paris figurait en tête de sa liste. Elle est arrivée dans la **ville** par une belle journée de printemps et est immédiatement tombée amoureuse de tout ce qui s'y trouvait. Les images, les sons et les odeurs étaient si différents de tout ce qu'elle avait connu auparavant. Elle passe chaque jour **à explorer les** différents quartiers de Paris, mais garde toujours la Tour Eiffel pour la fin. Elle voulait savourer chaque moment de son expérience.

Pour son dernier jour dans la ville, elle s'est réveillée tôt et s'est rendue à la **tour**. Elle a été surprise de constater qu'il n'y avait pas de file d'attente pour entrer. Il semblait que tout le monde l'avait déjà vue et était passé à autre chose. Elle s'est dirigée vers le guichet

Eiffeltornet

Eiffeltornet är ett av de mest **ikoniska** landmärkena i världen. För många symboliserar det **kärlekens** stad, Paris. Men för en kvinna har det en mycket mer personlig betydelse. Claire hade alltid drömt om att besöka Eiffeltornet. Som barn tittade hon ofta på bilder av det och **föreställde sig hur** det skulle vara att stå på dess topp och se hela staden under sig. När hon äntligen var gammal nog att **resa** såg hon till att en resa till Paris stod högst upp på listan. Hon anlände till **staden** en vacker vårdag och blev genast förälskad i allt som fanns där. Sevärdheterna, ljuden och lukterna var alla så annorlunda jämfört med allt hon hade upplevt tidigare. Hon tillbringade varje dag med att **utforska** olika delar av Paris, men sparade alltid besöken på Eiffeltornet till sist. Hon ville njuta av varje ögonblick av sin upplevelse där.

På sin sista dag i staden vaknade hon tidigt och tog sig till **tornet**. Hon blev förvånad över att det inte fanns någon kö för att komma in. Det verkade som om alla andra redan hade sett det och gått vidare. Hon gick fram till biljettluckan och bad om en **biljett** till toppen. Väktaren berättade att det skulle kosta 13,50 euro. Claire tvekade ett ögonblick, osäker på om hon verkligen ville **spendera** så mycket pengar på

et a demandé un **billet pour le** sommet. Le préposé lui dit que c'est 13,50 €. Claire hésite un moment, ne sachant pas si elle veut vraiment **dépenser** autant d'argent pour quelque chose d'aussi touristique, mais elle décide que c'est probablement sa seule chance de voir la vue du sommet de la tour Eiffel. Elle a pris l'**ascenseur jusqu'**au premier niveau de la tour et est sortie sur l'un des ponts d'observation. La vue était encore plus époustouflante que ce qu'elle avait imaginé. Elle pouvait voir tout Paris s'étendre devant elle, avec ses **toits** sans fin et ses rues sinueuses menant à différents quartiers et districts. À ce moment-là, elle avait l'impression que tout était possible, qu'elle pouvait conquérir tout ce que la vie lui réservait, tant qu'elle avait ce souvenir en tête. Alors qu'elle profitait de la vue, elle a remarqué que quelqu'un se dirigeait vers elle. C'était un homme, qui semblait avoir à peu près son âge. Il avait les cheveux et les yeux foncés, et portait un petit **sac à dos**. Quand il est arrivé à sa hauteur, il lui a demandé si elle parlait anglais. Elle acquiesce et il se présente comme Olivier.

något så turistmässigt, men bestämde sig sedan för att detta förmodligen var hennes enda chans att få se utsikten från toppen av Eiffeltornet. Hon tog en **hiss** upp till tornets första våning och klev ut på ett av dess observationsdäck. Utsikten var ännu mer hisnande än vad hon hade föreställt sig att den skulle vara. Hon kunde se hela Paris sträcka sig framför henne, med sina oändliga **hustak** och slingrande gator som ledde till olika kvarter och stadsdelar. I det ögonblicket kände hon att allt var möjligt, att hon kunde övervinna allt som livet kastade på henne så länge hon hade detta minne att hålla fast vid. Medan hon njöt av utsikten märkte hon att någon gick mot henne. Det var en man och han såg ut att vara i hennes ålder. Han hade mörkt hår och mörka ögon, och han bar på en liten **ryggsäck**. När han kom fram till henne frågade han om hon talade engelska. Hon nickade och han presenterade sig som Olivier.

Questions de compréhension

1. Que symbolise la Tour Eiffel pour de nombreuses personnes ?

2. Qu'est-ce que Claire imaginait de la Tour Eiffel lorsqu'elle était enfant ?

3. Comment Claire s'est-elle sentie à son arrivée à Paris ?

4. Pourquoi Claire a-t-elle gardé la visite de la tour Eiffel pour la fin de son séjour à Paris ?

5. Quelle a été la réaction de Claire face à la vue depuis la Tour Eiffel ?

6. Qui Claire a-t-elle rencontré à la Tour Eiffel ?

7. Qu'est-ce qu'Olivier et Claire avaient en commun ?

8. D'où viennent Olivier et Claire ?

9. Qu'ont fait Olivier et Claire après le déjeuner ?

10. Pourquoi Olivier a-t-il invité Claire dans sa chambre d'hôtel ?

Frågor om förståelse

1. Vad symboliserar Eiffeltornet för många människor?

2. Vad föreställde sig Claire om Eiffeltornet när hon var liten?

3. Hur kände sig Claire när hon kom till Paris?

4. Varför sparade Claire besöket på Eiffeltornet till sist under sin vistelse i Paris?

5. Hur reagerade Claire på utsikten från Eiffeltornet?

6. Vem träffade Claire vid Eiffeltornet?

7. Vad hade Olivier och Claire gemensamt?

8. Var kommer Olivier och Claire ifrån?

9. Vad gjorde Olivier och Claire efter lunchen?

10. Varför bjöd Olivier in Claire till sitt hotellrum?

A la plage

Après le lever du soleil, les vagues sont plus fortes et le sable au-dessus de la marée est blanc. Je marche jusqu'à la plage, **admirant** la mer et le soleil. Mes orteils sentent les rainures des coquillages. Le sable est froid sur mes orteils. Je souris et je continue. La marée est haute, alors je dois faire attention à ne pas me laisser entraîner. Je marche le long du bord de l'eau, en admirant la mer. Le lever du soleil est **magnifique**, et les vagues s'écrasent. Je me sens si paisible. J'arrive à un endroit où il y a un affleurement rocheux. Je m'assieds et je regarde les vagues. L'eau est si bleue et le ciel est si **orange**. J'ai l'impression d'être dans un rêve. Je ferme les yeux et je me contente d'écouter les vagues. Je suis restée assise pendant un long moment, jusqu'à ce que j'entende quelqu'un appeler mon nom.

J'ouvre les yeux et je vois ma mère marcher vers moi. Elle a un air inquiet sur le visage. Je souris et je lui fais signe, et elle **se détend**. "Je me demandais où tu étais allée", dit-elle. "Je suis contente que tu profites de la plage." Je réponds : "J'en profite." "C'est tellement beau ici." "Je sais", dit-elle. "Je venais ici tout le temps quand j'avais ton âge." "Vraiment ?" Je demande. "Ouais", répond-elle. "C'est un endroit spécial." "As-tu déjà rencontré quelqu'un de spécial ici ?" Je demande. "Oui",

På stranden

Efter soluppgången är vågorna högre och sanden ovanför tidvattnet är vit. Jag går ner till stranden och **beundrar** havet och solen. Mina tår känner skalens rännor. Sanden är kall på mina tår. Jag ler och fortsätter att gå. Tidvattnet är högt, så jag måste vara försiktig så att jag inte dras in. Jag går längs vattenkanten och beundrar havet. Soluppgången är **vacker och** vågorna slår mot varandra. Jag känner mig så fridfull. Jag kommer till en plats där det finns en klippavsats. Jag sätter mig ner och tittar på vågorna. Vattnet är så blått och himlen är så **orange**. Det känns som om jag befinner mig i en dröm. Jag blundar och lyssnar bara på vågorna. Jag satt där länge tills jag hörde någon ropa mitt namn.

Jag öppnar ögonen och ser min mamma gå mot mig. Hon har en orolig blick i ansiktet. Jag ler och vinkar och hon **slappnar av**. "Jag undrade vart du tog vägen", säger hon. "Jag är glad att du njuter av stranden." Jag svarar: "Det gör jag." "Det är så vackert här." "Jag vet", säger hon. "Jag brukade komma hit hela tiden när jag var i din ålder." "Verkligen?" Jag frågar. "Ja", svarar hon. "Det är ett speciellt ställe." "Träffade du någonsin någon speciell person här?" Jag frågar. "Det har jag gjort", svarar hon med ett leende. "Din far." "Verkligen?"

répond-elle avec un sourire. “Ton père.” “Vraiment ?” Je dis, **surpris**. “Oui,” dit-elle. “Nous avions l’habitude de venir ici tout le temps ensemble. C’est là que nous sommes tombés amoureux. “ Je souris, **imaginant** mes parents tombant amoureux sur cette magnifique plage. “ C’est un endroit spécial “, répète-t-elle. “Je suis contente que tu sois venu ici aujourd’hui.”

Nous restons assis là un moment de plus, à **regarder** les vagues et le coucher de soleil. Puis nous nous levons et retournons à nos serviettes de plage.
Je m’allonge et regarde les étoiles. Je me sens si heureuse et satisfaite. Les vagues sont plus fortes maintenant, et le sable est froid. Le soleil se couche et une brise fraîche souffle. Les vagues s’écrasent sur le rivage et l’odeur du sel flotte dans l’air. C’est une soirée parfaite pour être à la plage. Je me promène le long du rivage, en **écoutant le** bruit des vagues et en regardant le coucher du soleil. Je vois un groupe de personnes assises sur le sable, qui rient et plaisantent. Ils ont l’air de passer un bon moment. Je m’approche d’eux et leur demande si je peux les rejoindre. Ils acceptent et nous passons le reste de la soirée à parler, à rire et à regarder le **coucher de soleil**. C’est une soirée parfaite. Le groupe et moi parlons jusqu’au coucher du soleil. Nous partageons des histoires et des blagues, et nous passons tous un bon moment. À la tombée de la nuit, nous commençons tous à nous sentir fatigués. Nous nous embrassons et nous nous séparons.

Jag säger **förvånad**. "Ja", säger hon. "Vi brukade komma hit hela tiden tillsammans. Det var här vi blev förälskade. " Jag ler och **föreställer mig** mina föräldrar som förälskade sig på denna vackra strand. "Det är en speciell plats", upprepar hon. "Jag är glad att du kom hit i dag."

Vi sitter där ett tag till och **tittar på** vågorna och solnedgången. Sedan reser vi oss upp och går tillbaka till våra strandhanddukar. Jag lägger mig ner och tittar på stjärnorna. Jag känner mig så lycklig och nöjd. Vågorna är högre nu och sanden är kall. Solen håller på att gå ner och en sval bris blåser. Vågorna slår mot stranden och doften av salt ligger i luften. Det är en perfekt kväll att vara på stranden. Jag går längs stranden, **lyssnar** på vågornas ljud och tittar på solnedgången. Jag ser en grupp människor som sitter i sanden och skrattar och skämtar. De ser ut att ha det jättebra. Jag går fram till dem och frågar om jag får göra dem sällskap. De säger ja och vi tillbringar resten av kvällen med att prata, skratta och titta på **solnedgången**. Det är en perfekt kväll. Gruppen och jag pratar tills solen går ner. Vi delar med oss av historier och skämt och vi har alla väldigt roligt. När kvällen börjar falla börjar vi alla känna oss trötta. Vi kysser varandra **adjö** och går skilda vägar.

Questions de compréhension

1. Où va la narratrice après son réveil ?

2. Qu’est-ce que la narratrice admire en marchant le long de la plage ?

3. De quoi la narratrice doit-elle se méfier lorsqu’elle marche le long de la plage ?

4. Où le narrateur s’assoit-il pour profiter de la vue ?

5. Combien de temps le narrateur reste-t-il assis là ?

6. Qui la narratrice voit-elle lorsqu’elle ouvre à nouveau les yeux ?

7. Que dit la mère du narrateur ?

8. De quoi parlent la narratrice et les personnes qu’elle rencontre ?

Frågor om förståelse

1. Vart går berättaren efter att hon vaknat?

2. Vad beundrar berättaren när hon går längs stranden?

3. Vad måste berättaren se upp för när hon går längs stranden?

4. Var sätter sig berättaren för att njuta av utsikten?

5. Hur länge sitter berättaren där?

6. Vem ser berättaren när hon öppnar ögonen igen?

7. Vad säger berättarens mamma?

8. Vad pratar berättaren och de människor hon träffar om?

Camping au lac

Je me dirige vers le lac, **admirant** la tranquillité de la scène. Le soleil tape sur le petit lac, faisant ressembler l'eau à une feuille de verre. Le seul mouvement est l'ondulation occasionnelle d'un poisson **brisant la** surface. Même les oiseaux semblent prendre une pause de la chaleur, avec seulement le son des cigales remplissant l'air. **Soudain**, la paix est rompue par un grand plouf. Un gros **poisson** a sauté hors de l'eau, essayant d'attraper une libellule. Le poisson rate sa cible et retombe dans l'eau avec un plouf. "Wow," je me dis, "c'était un gros poisson !". J'ai regardé autour de moi pour voir si quelqu'un d'autre l'avait vu, mais il n'y avait personne. Je suppose que je devrai leur dire quand je rentrerai au camp.

La chaleur est **oppressante**, il est difficile de respirer. L'air est épais et lourd, comme une couverture qui vous enveloppe. Le seul soulagement est dans l'eau. Elle est fraîche et rafraîchissante, comme une boisson fraîche par une journée chaude. Je prends une profonde inspiration et je plonge dans l'eau. Le soulagement est immédiat car l'eau fraîche m'entoure. Je nage jusqu'au fond, puis remonte à la surface, sentant l'eau refroidir mon corps. Je continue à **faire** des longueurs, appréciant le répit de la chaleur. Après un moment,

Camping vid sjön

Jag går mot sjön och **beundrar den** fridfulla scenen. Solen slår ner på den lilla sjön och får vattnet att se ut som en glasskiva. Den enda rörelsen är enstaka krusningar från en fisk som **bryter** ytan. Till och med fåglarna verkar ta en paus från värmen, endast ljudet av cikador fyller luften. **Plötsligt** bryts lugnet av ett högt plask. En stor **fisk** har hoppat upp ur vattnet och försöker fånga en trollslända. Fisken missar sitt mål och faller tillbaka i vattnet med ett plask. "Wow", tänker jag för mig själv, "det var en stor fisk!". Jag tittade mig omkring för att se om någon annan hade sett den, men det fanns ingen i närheten. Jag antar att jag får berätta för dem när jag kommer tillbaka till lägret.

Värmen är **tryckande och det är** svårt att andas. Luften är tjock och tung, som en filt som sveps runt dig. Den enda lättnaden finns i vattnet. Det är svalt och uppfriskande, som en kall dryck en varm dag. Jag tar ett djupt andetag och dyker ner i vattnet. Lättnaden är omedelbar när det svala vattnet omger mig. Jag simmar ner till botten och sedan tillbaka upp till ytan och känner hur vattnet kyler min kropp. Jag fortsätter att **simma** varv, och njuter av andningen från värmen. Efter ett tag stiger jag upp ur vattnet och lägger mig på gräset för att låta solen torka min kropp. Jag sluter ögonen och

je sors de l'eau et je m'allonge sur l'herbe, laissant le soleil sécher mon corps. Je ferme les yeux et m'endors, le bruit des **cigales** me berce dans un profond sommeil. Je laisse le soleil faire sortir l'eau de ma peau. Je sens que ma peau devient rouge, mais je m'en moque. J'ai trop chaud pour m'en soucier. La prochaine chose que je sais, c'est que le soleil se couche. Le ciel est d'un bel orange, avec des traces de rose et de violet. La chaleur a disparu, remplacée par une **brise** fraîche.

Je me lève et me rhabille, me sentant rafraîchie et rajeunie. Je **respire** profondément l'air frais et je souris. C'est bon d'être en vie. Je retourne au camping, en admirant la façon dont les couleurs dansent dans le ciel. Je peux voir le feu de camp qui brûle au loin et je peux sentir la fumée dans l'air. Je souris et j'**accélère le** pas. Je suis prête à me détendre et à profiter du reste de ma soirée. J'entre dans le camping et je vois que tout le monde est réuni autour du feu. Ils **rient** et plaisantent, et je peux voir le feu se refléter dans leurs yeux. Je souris et m'assois à côté de mes amis. C'est bon d'être de retour. Le lendemain matin, je me réveille tôt et je commence à préparer mes affaires. J'ai hâte de retourner sur le sentier et de poursuivre mon voyage. Je dis au revoir à mes amis et commence à m'éloigner. En marchant, je jette un dernier regard sur le **camping**. Je peux voir le feu qui brûle toujours au loin et je peux sentir la fumée dans l'air. Je souris et j'accélère le pas. Je suis prêt à poursuivre mon **voyage**.

somnar, ljudet av **cikadorna** vaggar mig in i en djup sömn. Jag låter solen bränna vattnet ur min hud. Jag känner hur min hud blir röd, men jag bryr mig inte. Jag är för varm för att bry mig. nästa sak jag vet är att solen går ner. Himlen är vackert orange med strimmor av rosa och lila. Hettan är borta och ersätts av en sval **bris**.

Jag reser mig upp och tar på mig kläderna igen, känner mig fräsch och föryngrad. Jag tar ett djupt **andetag** av den svala luften och ler. Det känns bra att vara vid liv. Jag går tillbaka till lägerplatsen och beundrar hur färgerna dansar på himlen. Jag ser lägerelden brinna i fjärran och känner lukten av rök i luften. Jag ler och **ökar** tempot. Jag är redo att slappna av och njuta av resten av kvällen. Jag går in på lägerplatsen och ser att alla är samlade runt elden. De **skrattar** och skämtar, och jag kan se elden spegla sig i deras ögon. Jag ler och sätter mig bredvid mina vänner. Det är skönt att vara tillbaka. Nästa morgon vaknar jag tidigt och börjar packa mina saker. Jag är ivrig att komma tillbaka på leden och fortsätta min resa. Jag tar farväl av mina vänner och börjar gå iväg. När jag går tar jag en sista titt på **lägerplatsen**. Jag kan se att elden fortfarande brinner i fjärran och jag kan känna lukten av rök i luften. Jag ler och ökar tempot. Jag är redo att fortsätta min **resa**.

Questions de compréhension

1. Où va le marcheur ?

2. Quel temps fait-il ?

3. À quoi ressemble l'eau ?

4. Comment le marcheur réagit-il à la chaleur ?

5. Que fait le poisson ?

6. Pourquoi le marcheur est-il seul ?

7. Quelle est la sensation de l'eau ?

8. Comment le marcheur se sent-il après avoir nagé ?

9. A quelle heure de la journée le déambulateur se réveille-t-il ?

10. Où va le marcheur quand il quitte le camp ?

Frågor om förståelse

1. Vart är gående på väg?

2. Vilket väder är det?

3. Hur ser vattnet ut?

4. Hur reagerar gående på värmen?

5. Vad gör fisken?

6. Varför är vandraren ensam?

7. Hur känns vattnet?

8. Hur känner sig gångaren efter simningen?

9. Vilken tid på dygnet är det när den rullatorn vaknar?

10. Vart tar vandraren vägen när han lämnar lägret?

La Maison

J'ai emménagé dans ma nouvelle maison la semaine dernière, et je suis si **excitée** ! Elle est tellement plus grande que l'ancienne, et elle a un grand jardin. J'ai hâte d'inviter des amis pour des barbecues et des fêtes. Ce que je **préfère,** c'est ma nouvelle chambre. Elle est si grande et lumineuse, et j'ai beaucoup d'espace pour mettre toutes mes affaires. Je suis vraiment contente de ma nouvelle maison et je pense que je serai très heureuse ici. J'ai décidé d'explorer un peu plus la maison. Je suis monté au deuxième étage et j'ai commencé à me diriger vers la cuisine quand j'ai vu une grosse araignée noire sur le mur ! J'ai crié et j'ai couru en bas. J'avais tellement **peur** ! Mais après quelques minutes, je me suis calmée et j'ai décidé de retourner à l'étage. J'ai lentement fait mon chemin vers la cuisine et j'ai vu que l'araignée était partie. J'étais tellement soulagée ! Je suis redescendu et j'ai décidé de sortir pour explorer le **jardin**. Elle était si grosse ! Je n'arrivais pas à y croire. J'ai vu une balançoire dans le coin et un toboggan. J'ai aussi vu un filet de basket-ball et un **trampoline**. J'étais tellement excitée !

Je suis impatient d'utiliser tous ces nouveaux trucs. Les **voisins** sont venus et se sont présentés. Ils avaient l'air très gentils, et nous avons parlé un moment. Ils

Huset

Jag flyttade in i mitt nya hus förra veckan, och jag är så **glad**! Det är så mycket större än mitt gamla och har en stor bakgård. Jag kan inte vänta på att få bjuda in vänner till grillkvällar och fester. Min favoritdel är mitt nya sovrum. Det är så stort och ljust, och jag har massor av utrymme att ställa alla mina saker. Jag är verkligen nöjd med mitt nya hus och jag tror att jag kommer att bli väldigt lycklig här. Jag bestämde mig för att utforska huset lite mer. Jag gick upp till andra våningen och började ta mig till köket när jag såg en stor svart spindel på väggen! Jag skrek och sprang ner för trappan. Jag var så **rädd**! Men efter några minuter lugnade jag mig och bestämde mig för att gå upp igen. Jag tog mig sakta fram till köket och såg att spindeln var borta. Jag var så lättad! Jag gick ner igen och bestämde mig för att gå ut och utforska **bakgården**. Den var så stor! Jag kunde inte tro det. Jag såg en gungställning i hörnet och en rutschkana. Jag såg också ett basketnät och en **studsmatta**. Jag var så uppspelt!

Jag kan inte vänta på att få använda alla dessa nya saker. **Grannarna** kom över och presenterade sig. De verkade riktigt trevliga och vi pratade en stund. De bjöd in mig till deras grillfest nästa helg, och jag sa att jag gärna vill komma. Jag har haft en fantastisk

m'ont invité à leur barbecue le week-end prochain, et j'ai dit que j'aimerais beaucoup venir. J'ai passé une excellente première semaine dans ma nouvelle maison et j'ai hâte de vivre toutes les nouvelles aventures qui m'attendent. Aujourd'hui, je vais encore aller explorer le jardin et voir ce que je peux trouver d'autre. Qui sait, peut-être vais-je même trouver un **trésor**. J'ai hâte de voir ce que la semaine prochaine nous réserve ! La semaine suivante, je suis retourné explorer le jardin et j'ai trouvé un jardin **secret**. C'était tellement beau ! Il y avait des fleurs partout et un petit étang avec des poissons dedans. J'ai aussi vu une balançoire que je n'avais jamais vue auparavant. J'étais si excitée de trouver ce jardin secret, et j'ai hâte de l'explorer davantage. C'était tellement **beau** !

Il y avait des fleurs partout et un petit étang avec des poissons dedans. J'ai aussi vu une **balançoire** que je n'avais jamais vue auparavant. J'étais si excitée de trouver ce jardin secret, et j'ai hâte de l'explorer davantage. J'ai aussi adoré ma nouvelle chambre. Elle était si grande et lumineuse, et il y avait déjà des posters de mes groupes préférés sur les murs. Je n'ai même pas eu besoin d'apporter mes propres **meubles** car il y avait déjà un lit, une commode et un bureau. Ça va être la meilleure année de ma vie ! J'étais un peu nerveux à l'idée de commencer dans une nouvelle **école**, mais tous mes nouveaux voisins ont été si gentils.

första vecka i mitt nya hus, och jag är förväntansfull inför alla nya äventyr som väntar. I dag ska jag gå på upptäcktsfärd i trädgården igen och se vad mer jag kan hitta. Vem vet, kanske hittar jag till och med en **skatt**. Jag kan inte vänta på att se vad nästa vecka kommer att föra med sig! Nästa vecka gick jag på upptäcktsfärd i trädgården igen och hittade en **hemlig** trädgård. Den var så vacker! Det fanns blommor överallt och en liten damm med fiskar i. Jag såg också en gungställning som jag inte hade sett förut. Jag blev så glad över att hitta den här hemliga trädgården och jag kan inte vänta på att utforska den mer. Den var så **vacker**!

Det fanns blommor överallt och en liten damm med fiskar i. Jag såg också en gungställning som jag inte hade sett förut. Jag var så glad över att hitta den här hemliga trädgården och jag kan inte vänta på att utforska den mer. Jag älskade också mitt nya rum. Det var så stort och ljust, och det fanns redan affischer med mina favoritband på väggarna. Jag behövde inte ens ta med mig några egna **möbler** eftersom det redan fanns en säng, en byrå och ett skrivbord här. Det här kommer att bli det bästa året någonsin! Jag var lite nervös över att börja på en ny **skola,** men alla mina nya grannar har varit så vänliga.

Questions de compréhension

1. Où vit la personne ?

2. Comment la personne se sent-elle dans sa nouvelle maison ?

3. Quelle est la partie de la nouvelle maison que la personne préfère ?

4. Qu'est-ce que la personne a trouvé dans le jardin ?

5. Qui sont les voisins ?

6. Comment se sont passés les premiers jours de la personne dans sa nouvelle maison ?

7. Quelle est la partie de la nouvelle pièce que la personne préfère ?

8. Qu'est-ce que la personne prévoit de faire demain ?

9. Quelle a été la meilleure partie de la première semaine de la personne dans sa nouvelle maison ?

10. Qu'y a-t-il dans la nouvelle chambre de la personne ?

Frågor om förståelse

1. Var bor personen?

2. Hur trivs personen i det nya huset?

3. Vad är personens favoritdel i det nya huset?

4. Vad hittade personen i trädgården?

5. Vilka är grannarna?

6. Hur kändes de första dagarna i det nya huset?

7. Vad är personens favoritdel i det nya rummet?

8. Vad planerar personen att göra i morgon?

9. Vad var det bästa med personens första vecka i det nya huset?

10. Vad finns i personens nya rum?

Dans le train

J'ai couru jusqu'à la gare, mais c'était trop tard. Le train était déjà parti sans moi. Je me suis sentie tellement **en colère** et **déçue** de moi-même. J'avais prévu de prendre le train pour rendre visite à mes grands-parents qui vivent à la campagne, mais je devais maintenant attendre le prochain train pendant une heure entière. J'ai décidé de me promener un peu dans la ville à la place et j'ai essayé d'oublier cette occasion manquée. En marchant, j'ai commencé à **rêver à** tous les endroits où le **train** peut vous emmener. Soudain, je n'étais plus aussi contrariée. Je suis retourné dans la gare et je n'ai pu m'empêcher de remarquer la grande locomotive rouge, blanche et bleue qui se dirigeait vers moi. Ce n'est que lorsque je vois le **conducteur** me faire signe par la fenêtre que je réalise que ce train est pour moi. Je monte dans le train et trouve mon siège, m'installant pour ce qui promet d'être un long voyage.

Alors que nous sortons de la gare, je ne peux m'empêcher de me demander où ce train va m'emmener. À travers des **champs** verts et des rivières bleues, en passant par des montagnes et des vallées, on ne sait pas où ce vieux train va aller. À la tombée de la nuit, je m'endors **paisiblement**, bercé par le mouvement **rythmique** des wagons sur les rails en

På tåget

Jag sprang till tågstationen, men det var för sent. Tåget hade redan gått utan mig. Jag kände mig så **arg** och **besviken** på mig själv. Jag hade planerat att ta tåget för att besöka mina morföräldrar som bor på landet, men nu skulle jag behöva vänta en hel timme på nästa tåg. Jag bestämde mig för att gå runt i staden en stund i stället och försökte glömma min missade möjlighet. Medan jag gick började jag **dagdrömma** om alla de platser som **tågen** kan ta en till. Plötsligt var jag inte längre så upprörd. Jag går tillbaka in på stationen och kan inte låta bli att lägga märke till det stora röda, vita och blå lokomotivet som tuffar fram mot mig. Det är inte förrän jag ser **konduktören** vinka till mig från fönstret som jag förstår att det här tåget är till mig. Jag går ombord på tåget och hittar min plats och sätter mig ner för vad som lovar att bli en lång resa.

När vi lämnar stationen kan jag inte låta bli att undra vart tåget kommer att ta mig. Genom gröna **fält** och över blå floder, förbi berg och dalar, det går inte att säga vart det här gamla tåget kommer att ta vägen. När mörkret börjar falla glider jag in i en **fridfull** sömn, vaggad av den **rytmiska** rörelsen av vagnarna på spåren nedanför. När morgonen kommer igen öppnar jag ögonen och upptäcker att vi har anlänt till en liten

contrebas. Quand le matin revient, j'ouvre les yeux pour constater que nous sommes arrivés dans une petite ville quelque part au milieu de nulle part. Le soleil pointe à peine à l'horizon et les habitants commencent à s'agiter dans la rue principale ; c'est un jour comme les autres ici, à l'exception d'une chose : il y a un grand panneau près de l'hôtel de ville qui dit "Bienvenue à bord". Il semble que cette petite ville nous attendait, même si nous ne sommes qu'un train de **voyageurs** ordinaire qui passe par là pour aller ailleurs. Alors que nous laissons la ville derrière nous une fois de plus, en direction d'on ne sait où, je souris à tous les visages amicaux qui nous saluent depuis ces petites maisons nichées au milieu des **terres agricoles - c**'est vraiment étonnant de voir comment quelque chose d'apparemment si ordinaire peut apporter tant de joie simplement en passant par là. Et puis, bien sûr, il y a les **enfants**.

Je me penche par la fenêtre de ma locomotive. Ils me rendent toujours si heureux avec leurs yeux brillants et leurs grands sourires. Je leur fais un signe de la main énergique avant de retourner dans ma **cabine** et de m'asseoir. La journée a déjà été longue, mais elle n'est pas encore terminée ; il reste encore quelques heures avant d'atteindre notre **destination** finale. Je sors mon livre et commence à lire, laissant le balancement rythmique du train me bercer dans un état paisible.

stad någonstans mitt ute i ingenstans. Solen tittar precis över horisonten när lokalbefolkningen börjar mingla runt på Main Street; det ser ut som vilken dag som helst här förutom en sak - det finns en stor skylt uppsatt nära stadshuset där det står “Välkommen ombord!”. Det verkar som om den här lilla staden har väntat på oss, trots att vi bara är ett vanligt passagerartåg som passerar på väg någon annanstans. När vi återigen lämnar staden bakom oss och tuffar vidare mot vem vet vart vi ska, ler jag åt alla vänliga ansikten som vinkar adjö från de små husen som ligger inbäddade bland **jordbruksmarken - det** är verkligen fantastiskt hur något så till synes ordinärt kan ge så mycket glädje bara genom att passera. Och sedan finns det naturligtvis **barnen**.

Jag lutar mig ut genom fönstret på mitt lokomotiv. De får mig alltid att känna mig så lycklig med sina lysande ögon och stora leenden. Jag vinkade energiskt tillbaka till dem innan jag återvände till min **hytt** och satte mig ner. Det har redan varit en lång dag, men den är inte över än; det är fortfarande några timmar kvar tills vi når vår **slutdestination**. Jag tar fram min bok och börjar läsa och låter tågets rytmiska gungning vagga mig in i ett lugnt tillstånd.

Questions de compréhension

1. Où va le train ?

2. Qui voyage dans le train ?

3. Quand le train part-il ?

4. Comment le protagoniste monte-t-il dans le train ?

5. D'où vient le train ?

6. Où le train va-t-il ensuite ?

7. Quand les passagers sont-ils arrivés ?

8. Que ressent le protagoniste lorsqu'il rate le train ?

9. Comment le conducteur du train réagit-il lorsqu'il voit le protagoniste ?

10. Pourquoi le protagoniste aime-t-il les trains ?

Frågor om förståelse

1. Vart är tåget på väg?

2. Vem reser med tåget?

3. När avgår tåget?

4. Hur kommer huvudpersonen ombord på tåget?

5. Varifrån kommer tåget?

6. Vart ska tåget åka nästa gång?

7. När anlände passagerarna?

8. Hur känner sig huvudpersonen när han missar tåget?

9. Hur reagerar lokföraren när han ser huvudpersonen?

10. Varför gillar huvudpersonen tåg?

Cuisiner le dîner

Il est 17 heures et je rentre à pied du travail. J'ai **hâte** de passer une soirée tranquille à la maison avec mon partenaire. Nous allons préparer le dîner ensemble et nous détendre pour le reste de la nuit. C'est agréable de savoir que je n'ai aucun projet ni aucune obligation ce **soir**. J'arrive à la maison et mon partenaire est déjà dans la cuisine, en train de préparer notre dîner. Ça sent **très bon** ici ! Nous bavardons tout en cuisinant, prenant des nouvelles de nos journées respectives et partageant des petites histoires de nos vies professionnelles. La cuisine est ma pièce préférée dans notre appartement. J'adore cuisiner, et j'aime particulièrement cuisiner avec mon partenaire. Nous passons toujours un bon moment ici, à rire et à plaisanter pendant que nous cuisinons. De plus, la nourriture est toujours **incroyable** lorsque nous travaillons **ensemble**.

Ce soir, nous faisons l'une de mes recettes préférées : le **poulet au** parmesan. Mon partenaire commence par paner le poulet pendant que je fais mijoter la sauce sur la **cuisinière**. Nous travaillons ensemble comme une machine bien huilée, et en peu de temps, le dîner est prêt à être servi. Nous nous asseyons à notre petite

Matlagning av middag

Klockan är 17.00 och jag går hem från jobbet. Jag ser **fram emot en** lugn kväll hemma med min partner. Vi ska laga middag tillsammans och sedan bara slappna av resten av kvällen. Det känns skönt att veta att jag inte har några planer eller skyldigheter den här **kvällen**. Jag kommer hem och min partner står redan i köket och börjar förbereda vår middag. Det luktar **fantastiskt** här inne! Vi pratar medan vi lagar mat, tar del av varandras dagar och delar med oss av små historier från våra arbetsliv. Köket är mitt favoritrum i vår lägenhet. Jag älskar att laga mat, och jag älskar särskilt att laga mat tillsammans med min partner. Vi har alltid så roligt här inne, skrattar och skämtar medan vi lagar en storm. Dessutom blir maten alltid **otrolig** när vi arbetar **tillsammans**.

Ikväll ska vi laga ett av mina absoluta favoritrecept: **kyckling** parmesan. Min partner börjar med att panera kycklingen medan jag får såsen att sjuda på **spisen**. Vi arbetar tillsammans som en väloljad maskin och snart är middagen klar att serveras. Vi sätter oss vid vårt lilla köksbord med **tallrikar** fulla med kyckling parmesan, pasta och sallad. Vi klinkar i glasen och tar vår första tugga - och den är **himmelsk**! Kycklingen är krispig

table de cuisine avec des **assiettes** remplies de poulet au parmesan, de pâtes et de salade. Nous faisons tinter les verres et prenons notre première bouchée - et c'est **divin** ! Le poulet est croustillant à l'extérieur mais juteux à l'intérieur ; la sauce est savoureuse et parfaite ; les pâtes sont cuites al dente... tout a un goût absolument parfait ce soir. Nous savons tous les deux que c'était l'une de ces nuits où tout s'est parfaitement réuni alors que nous **savourons** chaque bouchée de notre délicieux repas. Le goût était encore meilleur que l'odeur, qui était sacrément bonne ! Nous terminons notre repas assez rapidement car aucun de nous n'a particulièrement faim aujourd'hui, mais nous prenons notre temps en dégustant quelques **verres** de vin supplémentaires tout en discutant légèrement de tel ou tel sujet. Après le dîner, nous nettoyons rapidement ensemble et passons au salon, où nous passons un moment à **nous câliner** sur le canapé en regardant la télévision.

C'est tellement agréable d'être près l'un de l'autre après une longue journée de **travail** séparé. Je me sens satisfaite. Même si la soirée n'a pas été très animée, c'était agréable de passer du temps ensemble sans avoir à quitter la maison. Nous avons regardé un film et nous nous sommes couchés tôt, **satisfaits** de notre simple soirée.

på utsidan men saftig på insidan, såsen är smakrik och perfekt, pastan är kokt al dente... allt smakar helt perfekt i kväll. Vi vet båda att det här var en av de kvällar där allting bara kom samman perfekt när vi **njuter av** varenda tugga av vår utsökta måltid. Den smakade ännu bättre än den luktade - vilket var jäkligt bra! Vi äter upp vår måltid relativt snabbt eftersom ingen av oss är särskilt hungrig idag, men vi tar oss tid att njuta av ytterligare några **glas** vin medan vi pratar lättsamt om det ena eller andra ämnet. Efter middagen städar vi snabbt tillsammans och flyttar sedan in i vardagsrummet där vi tillbringar lite tid med att **mysa** i soffan medan vi tittar på TV.

Det känns så skönt att bara vara nära varandra efter en lång **arbetsdag**. Jag känner mig nöjd. Även om vi inte hade någon händelserik kväll var det trevligt att bara tillbringa lite tid tillsammans utan att behöva lämna huset. Vi tittade på en film och gick tidigt till sängs och kände oss **nöjda** med vår enkla kväll.

Questions de compréhension

1. D’où vient le narrateur ?

2. Que fait le narrateur après le travail ?

3. Que mange le narrateur pour le dîner ?

4. Pourquoi le narrateur aime-t-il la cuisine ?

5. Quel genre de plat le couple cuisine-t-il ?

6. Que ressent le narrateur à la fin de la soirée ?

7. Quelle est l’activité préférée du couple ?

8. Que fait le couple quand il est fatigué ?

9. Où dorment-ils ?

10. Pourquoi le narrateur aime-t-il rester à la maison ?

Frågor om förståelse

1. Varifrån kommer berättaren?

2. Vad gör berättaren efter jobbet?

3. Vad äter berättaren till middag?

4. Varför gillar berättaren köket?

5. Vilken typ av maträtt lagar paret?

6. Hur känner sig berättaren i slutet av kvällen?

7. Vad är parets favoritsak att göra?

8. Vad gör paret när de blir trötta?

9. Var sover de?

10. Varför vill berättaren stanna hemma?

Walking Home

C'était une nuit **paisible** alors que je rentrais du travail. En marchant, je ne pouvais m'empêcher de sourire aux souvenirs. C'était bon d'être de retour dans mon ancien quartier. J'ai salué quelques personnes que je connaissais, et elles m'ont salué en retour. C'était bon d'être chez soi. Je suis passé devant mon ancienne école et je **me suis souvenu de** tous les bons moments que j'ai passés avec mes amis. On rentrait toujours ensemble à la maison et on parlait de notre journée. **Parfois,** on s'arrêtait pour acheter une glace ou aller au parc. C'était les meilleurs moments. Ces moments me manquent. Mais maintenant, j'ai ma propre famille et je suis heureuse de ma vie. Je suis heureux de pouvoir repenser à ces souvenirs et de sourire. Ils font partie de ma vie et je les chérirai toujours. C'était les meilleurs moments. Ils me manquent. Mais maintenant, j'ai ma propre famille et je suis heureux de ma vie. Je suis heureux de pouvoir repenser à ces **souvenirs** et de sourire. Ils font partie de ma vie et je les chérirai toujours.

Je continue à marcher, en pensant aux bons moments que j'ai passés avec mes amis. Je sais que je les reverrai bientôt. Je me dirige vers ma maison et décide de me promener dans un parc à proximité. Le soleil se

Att gå hem

Det var en **lugn** natt när jag gick hem från jobbet. När jag gick kunde jag inte låta bli att le åt minnena. Det kändes bra att vara tillbaka i mitt gamla kvarter. Jag vinkade till några personer som jag kände och de vinkade tillbaka. Det var skönt att vara hemma. Jag gick förbi min gamla skola och **mindes** alla goda stunder som jag hade haft med mina vänner. Vi brukade alltid gå hem tillsammans och prata om vår dag. **Ibland** stannade vi och köpte glass eller gick till parken. Det var de bästa tiderna. Jag saknar dessa tider. Men nu har jag min egen familj och är nöjd med mitt liv. Jag är glad att jag kan se tillbaka på dessa minnen och le. De är en del av mitt liv som jag alltid kommer att uppskatta. Det var den bästa tiden. Jag saknar den tiden. Men nu har jag min egen familj och är lycklig med mitt liv. Jag är glad att jag kan se tillbaka på dessa **minnen** och le. De är en del av mitt liv som jag alltid kommer att uppskatta.

Jag fortsätter att gå och tänker på de fina stunderna med mina vänner. Jag vet att jag snart kommer att träffa dem igen. Jag går mot mitt hem och bestämmer mig för att gå genom en park i närheten. Solen håller på att gå ner och himlen får en **vacker** orange färg. Parken är tom, förutom några fåglar som kvittrar i träden. Jag tar ett djupt **andetag och** ler. När jag går genom parken

couche et le ciel prend une **belle** couleur orange. Le parc est vide, à l'exception de quelques oiseaux qui gazouillent dans les arbres. Je prends une profonde **inspiration** et je souris. Alors que je marche dans le parc, je vois une étoile filante traverser le ciel. J'ai fait un vœu sur cette étoile et j'ai continué à marcher. Je pense à ma journée de travail et au **calme qui** y régnait. Je souris à moi-même, en pensant à la chance que j'ai d'avoir un si bon travail. Je rentre chez moi, en **sentant l'**air frais de la nuit sur ma peau. Je me sens si vivante et heureuse, en appréciant le simple fait de rentrer chez moi par une nuit paisible. Je me sentais si bien que j'ai commencé à **siffler**. Je suis passé devant quelques personnes dans la rue, mais elles s'occupaient toutes de leurs affaires.

J'ai tourné le coin de ma rue et j'ai vu le chat de mon voisin, M. Whiskers, assis sur mon porche. Je lui ai dit bonjour et il miaulait en retour. J'ai **déverrouillé** ma porte et je suis entrée. J'étais si heureuse d'être chez moi. J'ai enlevé mes chaussures et me suis préparée pour aller me coucher. Je me suis couchée ce soir-là, heureuse et reconnaissante, le cœur plein d'amour. J'ai dormi profondément toute la nuit, sans me soucier de rien. Je me suis réveillée d'un sommeil réparateur et j'ai été **accueillie** par le soleil qui brillait à travers ma fenêtre. Je suis sorti du lit et me suis étiré, prenant une profonde inspiration et sentant l'air frais remplir mes poumons.

ser jag ett stjärnskott röra sig över himlen. Jag önskar mig något på den stjärnan och fortsätter att gå. Jag tänker på min dag på jobbet och hur **fridfull** den var. Jag ler för mig själv och tänker på hur lycklig jag är som har ett så bra jobb. Jag går hem och **känner den** svala nattluften på min hud. Jag känner mig så levande och lycklig, när jag bara njuter av den enkla handlingen att gå hem en lugn natt. Jag kände mig så bra att jag började **vissla**. Jag gick förbi några människor på gatan, men alla skötte sig själva.

Jag svängde runt hörnet på min gata och såg grannens katt, Mr Whiskers, sitta på min veranda. Jag sa hej till honom och han mejade tillbaka. Jag **låste upp** min dörr och gick in. Jag var så glad över att vara hemma. Jag tog av mig skorna och gjorde mig redo för sängen. Jag gick till sängs den kvällen och kände mig glad och tacksam, mitt hjärta fullt av kärlek. Jag sov gott hela natten och oroade mig inte för någonting. Jag vaknade upp från en vilsam sömn och **möttes** av solen som sken in genom mitt fönster. Jag gick upp ur sängen och sträckte mig, tog ett djupt andetag och kände hur den svala luften fyllde mina lungor.

Questions de compréhension

1. Que faisait le protagoniste au début de l'histoire ?

2. A quoi pensait le protagoniste en rentrant chez lui ?

3. Qu'est-ce que le protagoniste avait l'habitude de faire avec ses amis après l'école ?

4. Qu'est-ce que le protagoniste regrette de cette époque ?

5. Que pense le protagoniste de sa vie actuelle ?

6. Que fait le protagoniste lorsqu'il voit une étoile filante ?

7. Que ressent le protagoniste lorsqu'il rentre à pied chez lui ?

8. Que fait le protagoniste lorsqu'il rentre chez lui ?

9. Que ressent le protagoniste lorsqu'il se réveille le lendemain matin ?

10. Que fait le protagoniste le lendemain ?

Frågor om förståelse

1. Vad gjorde huvudpersonen när berättelsen började?

2. Vad tänkte huvudpersonen på när han gick hem?

3. Vad brukade huvudpersonen göra med sina vänner efter skolan?

4. Vad saknar huvudpersonen från den tiden?

5. Vad tycker huvudpersonen om sitt nuvarande liv?

6. Vad gör huvudpersonen när de ser ett stjärnfall?

7. Hur känner sig huvudpersonen när de går hem?

8. Vad gör huvudpersonen när de kommer hem?

9. Hur känner sig huvudpersonen när han vaknar nästa morgon?

10. Vad gör huvudpersonen nästa dag?

Le château

La famille avait toujours voulu visiter un vieux château en **Allemagne**, et elle a finalement fait le voyage. Ils n'ont pas été **déçus**. Le château était magnifique, et ils ont pris plaisir à explorer ses nombreuses pièces et couloirs. La première chose qui les frappe est l'odeur. Ils ont trouvé de la **moisissure**, de l'humidité et quelque chose d'autre qu'ils n'ont pas réussi à identifier. La deuxième chose a été le son. Les murs de pierre sont épais, mais ils n'étouffent pas complètement le son. Ils ont entendu chaque pas, chaque mot prononcé d'une voix normale, et le goutte-à-goutte occasionnel de l'eau **quelque part** au loin. Lorsque leurs yeux se sont adaptés à la faible lumière, ils ont vu des murs de pierre massifs se dresser tout autour d'eux, des tapisseries y étant suspendues en **lambeaux**. Ils se tenaient dans un immense hall avec un haut plafond soutenu par des piliers sculptés. Ils ont également adoré les vues depuis les tourelles, et les enfants ont eu beaucoup de plaisir à courir dans le parc. Le **soleil** avait commencé à se coucher lorsqu'ils ont fini d'explorer le château, et ils ont regretté de ne pas avoir apporté de **lampe de poche**. Ils ont décidé de retourner à l'entrée, mais ils se sont vite perdus. Ils errent pendant des heures, jusqu'à ce qu'ils trouvent enfin une porte qui mène à l'extérieur. Ils ont continué jusqu'à ce qu'ils **atteignent le** bout du

Slottet

Familjen hade alltid velat besöka ett gammalt slott i **Tyskland,** och till slut gjorde de resan. De blev inte **besvikna**. Slottet var vackert och de njöt av att utforska dess många rum och korridorer. Det första som slog dem var lukten. De hittade **mögel**, fukt och något annat som de inte riktigt kunde sätta fingret på. Det andra var ljudet. Stenväggar är tjocka, men de dämpar inte ljudet helt och hållet. De hörde varje fotsteg, varje ord som sades med normal röst och ibland droppade vatten **någonstans** i fjärran. När deras ögon anpassade sig till det svaga ljuset såg de massiva stenväggar som tornade upp sig runt omkring dem och från dem hängde gobelänger i **trasiga** fragment. De stod i en enorm sal med högt tak som stöddes av snidade pelare. De älskade också utsikten från tornen, och barnen hade en fantastisk tid att springa runt på området. **Solen** hade börjat gå ner när de var klara med att utforska slottet, och de ångrade att de inte hade tagit med sig en **ficklampa**. De bestämde sig för att ta sig tillbaka till ingången, men fann sig snart vilse. De vandrade runt i vad som kändes som timmar, tills de slutligen kom till en dörr som ledde ut. De fortsatte tills de **nådde** slutet av hallen och kom till en imponerande uppsättning dubbeldörrar. De försökte hur mycket de än gjorde, men dörrarna rörde sig inte. De skramlade **betänkligt**

couloir et arrivent à une imposante série de doubles portes. Ils ont beau essayer, les portes ne bougent pas. Elles cliquettent **sinistrement** mais ne bougent pas d'un pouce. On dirait que celui qui était ici avant a dû passer par là et les verrouiller de l'intérieur. Finalement, ils ont trouvé un moyen de sortir. Le soulagement les envahit alors qu'ils sortent dans l'air frais de la nuit.

Le soleil avait commencé à se coucher, et ils **regrettaient de ne pas avoir** apporté de lampe de poche. Ils ont décidé de retourner à l'entrée, mais ils se sont vite perdus. Ils ont erré pendant ce qui leur a semblé être des heures, jusqu'à ce qu'ils trouvent enfin une porte qui menait à **l'extérieur**. Le soulagement les a envahis alors qu'ils sortaient dans l'air frais de la nuit. Le lendemain soir, ils ont pris soin d'emporter une lampe de poche pour explorer le reste du château. Ils ont traversé la **cour** et sont descendus jusqu'à la rivière qui coulait derrière les murs du **château**. Alors qu'ils se promenaient, ils ont commencé à entendre des bruits étranges. On aurait dit que quelqu'un les suivait. Ils accélèrent le pas, mais les bruits deviennent plus forts et plus proches. Les membres de la famille courent vers le château aussi vite qu'ils le peuvent, et ils sont soulagés de voir que la silhouette au manteau **sombre** ne les a pas suivis.

men rörde sig inte en tum. Det såg ut som om den som varit här tidigare måste ha gått igenom här och låst dem inifrån. Så småningom hittar de en väg ut. Lättnad sköljde över dem när de klev ut i den svala nattluften.

Solen hade börjat gå ner och de **ångrade** att de inte hade tagit med sig en ficklampa. De bestämde sig för att ta sig tillbaka till ingången, men fann sig snart vilse. De vandrade runt i vad som kändes som timmar, tills de slutligen kom till en dörr som ledde **ut**. Lättnad sköljde över dem när de klev ut i den svala nattluften. Nästa kväll såg de till att ta med sig en ficklampa när de utforskade resten av slottet. De gick genom **gården** och ner till floden som rann bakom **slottets** murar. Medan de gick runt började de höra konstiga ljud. Det lät som om någon följde efter dem. De ökade tempot, men ljuden blev högre och närmare. Familjen sprang tillbaka till slottet så fort de kunde, och de var lättade över att se att figuren i den **mörka** kappan inte hade följt efter dem.

Questions de compréhension

1. Qu'a fait la famille lorsqu'elle s'est perdue dans le château ?

2. Comment la famille s'est-elle sentie quand elle a découvert que c'était juste un homme du coin ?

3. Qu'a fait l'homme qui a été arrêté ?

4. Quelle a été la sentence pour cet homme ?

5. Quel bruit la famille a-t-elle entendu pendant qu'elle marchait ?

6. Où était le personnage au manteau sombre quand la famille l'a vu ?

7. Qu'a fait la famille en rentrant dans sa chambre ?

8. Quand la famille est-elle repartie explorer le château ?

9. Quelle était la chose sur laquelle la famille n'arrivait pas à mettre le doigt ?

10. Qu'a fait la famille avant de retourner explorer le château ?

Frågor om förståelse

1. Vad gjorde familjen när de gick vilse i slottet?

2. Hur kände sig familjen när de fick reda på att det bara var en lokal man?

3. Vad gjorde mannen som gjorde att han blev arresterad?

4. Vilken var domen för mannen?

5. Vilket ljud hörde familjen när de gick?

6. Var befann sig figuren i den mörka kappan när familjen såg honom?

7. Vad gjorde familjen när de kom tillbaka till sitt rum?

8. När gick familjen på upptäcktsfärd i slottet igen?

9. Vad var det som familjen inte kunde sätta fingret på?

10. Vad gjorde familjen innan de gick på upptäcktsfärd i slottet igen?

Mon jardin

Mon jardin est mon coin de paradis. J'y vais tous les jours, qu'il pleuve ou qu'il vente, et je passe du temps à m'occuper de mes plantes. J'ai un peu de **tout : légumes**, fruits, fleurs, herbes. J'ai même quelques poules qui m'aident à tenir les parasites à distance. Je commence mes journées dans le jardin en ramassant les œufs des poules. Puis je vérifie que mes légumes reçoivent suffisamment d'eau et de soleil. Je désherbe les plates-bandes et j'élimine les insectes qui pourraient **attaquer** les plantes. Une fois que **tout est** fait, je m'assois et je profite de la paix et du calme de la nature.

J'ai toujours aimé passer du temps dans mon jardin. Il y a quelque chose dans le fait d'être entouré par la nature et toute la **beauté qu**'elle a à offrir. Je trouve que c'est un endroit très paisible et apaisant. Je passe souvent du temps dans mon jardin à me détendre et à profiter du paysage. J'aime aussi travailler dans mon jardin et faire pousser des choses. J'ai un jardin d'assez bonne taille et j'aime y faire pousser toutes **sortes** de choses. Je fais pousser des fleurs, des **légumes** et des herbes aromatiques. J'ai aussi quelques arbres fruitiers qui produisent de délicieuses pommes, poires et prunes. En plus de faire pousser des choses, j'aime

Min trädgård

Min trädgård är min lyckliga plats. Jag går ut dit varje dag, regn eller solsken, och ägnar tid åt att sköta mina växter. Jag har lite av **allt - grönsaker**, frukt, blommor och örter. Jag har till och med några höns som hjälper till att hålla skadedjuren borta. Jag börjar mina dagar i trädgården med att hämta ägg från hönorna. Sedan kollar jag mina grönsaker och ser till att de får tillräckligt med vatten och sol. Jag ogräsrensar rabatterna och plockar bort eventuella insekter som **angriper** växterna. När **allt är klart** sitter jag tillbaka och njuter av naturens lugn och ro.

Jag har alltid älskat att tillbringa tid i min trädgård. Det är något med att vara omgiven av naturen och all den **skönhet som** den har att erbjuda. Jag tycker att det är en mycket fridfull och lugnande plats. Jag tillbringar ofta tid i min trädgård med att bara koppla av och njuta av landskapet. Jag tycker också om att arbeta i min trädgård och odla saker. Jag har en ganska stor trädgård och jag tycker om att odla en mängd **olika** saker i den. Jag odlar blommor, **grönsaker** och örter. Jag har också några fruktträd som producerar läckra äpplen, päron och plommon. Förutom att odla saker tycker jag också om att bara gå runt i min trädgård och **beundra** alla olika växter och djur som bor där. Jag har

aussi passer du temps à me promener dans mon jardin, à **admirer** toutes les plantes et tous les animaux qui y vivent. J'ai passé de nombreuses heures au fil des ans à faire de mon **jardin** un endroit non seulement beau mais aussi fonctionnel. J'aime regarder les oiseaux voltiger et les écouter chanter. Parfois, je sors même un livre et je lis dans le jardin, entourée de toute la beauté que j'ai créée. Le **jardinage** est ma passion et il m'apporte tant de joie. Chaque jour dans mon jardin est un bon jour.

L'une des choses que j'aime faire, c'est cuisiner. Il est donc très **important pour moi d'**avoir un jardin d'herbes aromatiques bien garni. Le thym, le basilic, l'origan, le romarin, la sauge et la lavande sont quelques-unes des herbes que j'aime faire pousser dans mon jardin pour pouvoir les utiliser lorsque je prépare des repas pour moi ou pour mes **invités**. Une autre chose qui est importante pour moi quand il s'agit de mon jardin, c'est de m'assurer qu'il y a beaucoup de couleurs dans tout le jardin. Pour atteindre cet objectif, je cultive une grande variété de fleurs, notamment des **roses**, des lys, des marguerites, des tulipes, des impatiens, des soucis, etc. En plus d'ajouter de la couleur avec les fleurs, j'aime aussi ajouter de l'intérêt en utilisant différentes **textures** dans le jardin. Par exemple, je peux planter des fougères sous des tournesols imposants ou des hostas à **côté de** graminées ornementales hérissées.

tillbringat många timmar under årens lopp med att göra min **trädgård** till en plats som inte bara är vacker utan också funktionell. Jag älskar att titta på fåglarna som fladdrar runt och lyssna på deras sång. Ibland tar jag till och med fram en bok och läser i trädgården medan jag är omgiven av all den skönhet som jag har skapat. **Trädgårdsarbete** är min passion och det ger mig så mycket glädje. Varje dag i min trädgård är en bra dag.

Jag älskar att laga mat och därför är det **viktigt** för mig att ha en välfylld örtträdgård. Timjan, basilika, oregano, rosmarin, salvia och lavendel är bara några av de örter som jag gillar att odla i min trädgård så att jag kan använda dem när jag lagar mat till mig själv eller till **gäster**. En annan sak som är viktig för mig när det gäller min trädgård är att se till att det finns gott om färg i hela trädgården. För att uppnå detta mål odlar jag en mängd olika blommor, bland annat **rosor**, liljor, prästkragar, tulpaner, impatiens, ringblommor osv. Förutom att ge färg med blommor gillar jag också att skapa intresse genom att använda olika **texturer i** hela trädgården. Jag kan till exempel plantera ormbunkar under höga solrosor eller hostor **tillsammans med** spetsiga prydnadsgräs.

Questions de compréhension

1. Où se trouve le jardin de l'auteur ?

2. Combien de poulets l'auteur possède-t-il ?

3. Que fait l'auteur dans le jardin tous les jours ?

4. Pourquoi l'auteur aime-t-il le jardin ?

5. Quelles herbes l'auteur plante-t-il dans le jardin ?

6. Pourquoi est-il important pour l'auteur qu'il y ait beaucoup de couleurs dans son jardin ?

7. Comment l'auteur apporte-t-il de la variété à son jardin ?

8. Que ressent l'auteur lorsqu'il travaille dans son jardin ?

9. Qu'est-ce qui fait que l'auteur se sent connecté quand il est dans son jardin ?

10. Pourquoi chaque jour dans le jardin de l'auteur est-il un bon jour ?

Frågor om förståelse

1. Var ligger författarens trädgård?

2. Hur många höns har författaren?

3. Vad gör författaren i trädgården varje dag?

4. Varför tycker författaren om trädgården?

5. Vilka örter planterar författaren i trädgården?

6. Varför är det viktigt för författaren att det finns många färger i hans trädgård?

7. Hur skapar författaren variation i sin trädgård?

8. Hur känner sig författaren när han arbetar i sin trädgård?

9. Vad är det som gör att författaren känner sig uppslukad när han är i sin trädgård?

10. Varför är varje dag i författarens trädgård en bra dag?

Faire du shopping

J'adore aller **faire du shopping** au centre commercial. C'est toujours très amusant de se promener et de regarder tous les différents magasins. Il y en a pour tous les goûts au centre commercial et c'est toujours l'endroit idéal pour faire des affaires sur les vêtements, les chaussures et les accessoires. Je commence **généralement** mon shopping en passant par l'**entrée** principale du centre commercial. De là, je me dirige d'abord vers mes magasins préférés. Après avoir fait le tour de ces magasins, je me promène pour voir s'il y a des soldes dans d'autres endroits. Je finis généralement par passer quelques heures dans le centre commercial avant de faire mes achats. J'aime toujours prendre mon temps lorsque je fais du shopping**, car** je veux être sûre d'obtenir **exactement** ce que je veux. En plus, c'est plus amusant comme ça !

Je trouve toujours **fascinant** d'observer les gens quand je suis au centre commercial. On peut vraiment en apprendre beaucoup sur une personne par sa façon de faire ses courses. Certaines personnes sont très méthodiques et prennent leur temps, tandis que d'autres semblent prendre **tout ce qu'**elles peuvent et se diriger vers la caisse aussi vite que possible. Il y a aussi les acheteurs qui semblent plus intéressés

Att shoppa

Jag älskar att **shoppa** i köpcentret. Det är alltid så roligt att gå runt och titta på alla olika butiker. Det finns något för alla i köpcentret, och det är alltid ett bra ställe att hitta erbjudanden på kläder, skor och accessoarer. Jag **brukar** börja min shoppingtur med att gå genom köpcentrets **huvudentré.** Därifrån går jag först till mina favoritbutiker. Efter att ha tittat igenom dessa butiker går jag runt och ser om det pågår någon rea på andra ställen. Det slutar oftast med att jag tillbringar ett par timmar i köpcentret innan jag slutligen gör mina inköp. Jag gillar alltid att ta god tid på mig när jag shoppar **eftersom** jag vill vara säker på att jag får **exakt** det jag vill ha. Dessutom är det bara roligare på det sättet!

Jag tycker alltid att det är så **fascinerande** att titta på folk när jag är i köpcentret. Man kan verkligen få reda på mycket om en person genom hur de handlar. Vissa människor är mycket metodiska och tar god tid på sig, medan andra bara verkar ta **allt** de kan och gå till kassan så fort som möjligt. Det finns också de shoppare som verkar mer intresserade av att prata i mobiltelefon eller sms:a än att titta på varorna! Oavsett vilken typ av shoppare du är verkar dock alla tycka om att fönstershoppa - även om du faktiskt inte köper något. Det är bara något med att titta på alla vackra saker i

à parler au téléphone portable ou à envoyer des SMS qu'à regarder la marchandise ! Quel que soit le type d'acheteur, tout le monde semble apprécier le lèche-vitrine, même si vous n'achetez rien. Il y a quelque chose qui me rend heureuse dans le fait de regarder toutes ces jolies choses dans les **vitrines des magasins**. Parfois, je m'imagine comment ce serait si je pouvais m'offrir **tout ce que** je vois ! En fin de compte, passer une journée à faire du shopping au centre commercial est l'un de mes passe-temps favoris. C'est un excellent moyen de se détendre et de se relaxer tout en faisant un peu d'exercice (si vous marchez suffisamment). Et puis, c'est **toujours** agréable de s'offrir une nouvelle chemise ou une nouvelle paire de chaussures de temps en temps !

J'ai eu une **longue** journée de travail et j'ai enfin eu du temps pour moi, alors j'ai décidé d'aller faire du shopping au centre commercial. J'avais besoin de nouveaux vêtements pour la saison **à venir**. Dès que je suis entrée, j'ai vu toutes les lumières vives et les façades brillantes des magasins. Je me suis dirigée vers mon magasin préféré en premier et j'ai commencé à parcourir les rayons. J'ai trouvé quelques jolis hauts et les ai essayés dans la cabine d'essayage. Alors que je me regardais dans le miroir, j'ai entendu quelqu'un entrer dans la cabine d'**essayage** à côté de la mienne. J'ai reconnu sa voix comme étant celle d'un de mes collègues de travail.

skyltfönstren som gör mig glad. Ibland fantiserar jag om hur det skulle vara om jag hade råd med **allt** jag ser! På det hela taget är en dag i köpcentret en av mina favoritsysselsättningar. Det är ett utmärkt sätt att koppla av och varva ner samtidigt som man får lite motion (om man går runt tillräckligt mycket). Dessutom är det **alltid** trevligt att unna sig en ny skjorta eller ett par skor då och då!

Jag hade haft en **lång** dag på jobbet och hade äntligen lite tid för mig själv, så jag bestämde mig för att shoppa i köpcentret. Jag behövde några nya kläder för den **kommande** säsongen. Så fort jag gick in såg jag alla ljusa lampor och glänsande skyltfönster. Jag gick först till min favoritbutik och började bläddra bland hyllorna. Jag hittade några söta toppar och provade dem i omklädningsrummet. När jag tittade på mig själv i spegeln hörde jag någon komma in i omklädningsrummet bredvid mitt. Jag kände igen rösten som en av mina medarbetare.

Questions de compréhension

1. Où aimez-vous le plus stocker ?

2. Quel est votre magasin préféré dans le centre commercial ?

3. Combien de temps restez-vous habituellement au centre commercial ?

4. Que pensez-vous des personnes qui passent beaucoup de temps au centre commercial ?

5. Quelle est votre activité préférée au centre commercial ?

6. Avez-vous déjà acheté quelque chose au centre commercial alors que vous n'en aviez pas vraiment besoin ?

7. Comment réagissez-vous lorsque vous voyez au centre commercial un article que vous aimeriez vraiment, mais qui est trop cher ?

8. Avez-vous déjà vu quelque chose au centre commercial en vous demandant qui l'achèterait ?

9. Que pensez-vous des personnes qui sont occupées avec leur téléphone portable dans les centres commerciaux au lieu de regarder les magasins ?

Frågor om förståelse

1. Var vill du lagra mest?

2. Vilken är din favoritbutik i köpcentret?

3. Hur länge brukar du stanna i köpcentret?

4. Vad tycker du om människor som tillbringar mycket tid i köpcentret?

5. Vad är din favoritsak att göra på köpcentret?

6. Har du någonsin köpt något på köpcentret när du egentligen inte behövde det?

7. Hur reagerar du när du ser något i köpcentret som du verkligen skulle vilja ha, men som är för dyrt?

8. Har du någonsin sett något i köpcentret och undrat vem som skulle köpa det?

9. Vad tycker du om människor som är upptagna med sina mobiltelefoner i köpcentret i stället för att titta på butikerna?

Au marché

Je me réveille tôt le samedi matin, impatiente de me rendre au **marché** avant qu'il ne soit trop fréquenté. Je m'habille et je sors, en prenant mes sacs réutilisables en chemin. En marchant, je commence à planifier ce que je veux faire pour la semaine à venir. Je sais que je veux faire **rôtir des** légumes au moins une fois, donc je vais devoir acheter des légumes de bonne qualité. Je veux aussi faire une soupe ou un ragoût, et je vais donc devoir acheter de la viande. Je verrai bien ce qui me semble bon quand je serai sur place. Le marché n'est qu'à quelques rues de là, et je vois déjà les étals installés et les **gens qui** s'agitent.

J'arrive au marché et me dirige directement vers le stand des légumes. La sélection est magnifique, et je remplis mes sacs d'une variété de produits **frais**. Je discute un peu avec le fermier et il me recommande quelques recettes. J'ai hâte de les essayer. Je discute avec les **agriculteurs** pendant que je fais mes courses, pour apprendre à les connaître et à connaître leurs produits. Après avoir acheté tous les légumes dont j'ai besoin, je passe à la section des viandes. Je suis un peu plus hésitante, car je ne suis pas sûre de ce que je veux acheter. J'opte finalement pour du poulet, car il est polyvalent et peut être utilisé dans de nombreux

På marknaden

Jag vaknar tidigt på lördagsmorgonen och är ivrig att ta mig till **marknaden** innan det blir för mycket folk. Jag tar på mig några kläder och går ut genom dörren och tar mina återanvändbara väskor på vägen. Medan jag går börjar jag planera vad jag vill göra för veckan som kommer. Jag vet att jag vill **steka** grönsaker minst en gång, så jag måste köpa grönsaker av god kvalitet. Jag vill också göra en soppa eller gryta, så jag måste köpa lite kött också. Jag får se vad som ser bra ut när jag kommer dit. Marknaden ligger bara några kvarter bort, och jag kan redan se hur stånden står uppställda och hur **folk** rör sig där.

Jag kommer till marknaden och går direkt till grönsaksståndet. Utbudet är vackert, och jag fyller mina påsar med en mängd olika **färska** produkter. Jag pratar med bonden en stund och han rekommenderar mig några recept. Jag är förväntansfull och vill prova dem. Jag pratar med **jordbrukarna** medan jag handlar och lär känna dem och deras produkter. När jag har alla grönsaker jag behöver går jag vidare till köttavdelningen. Jag är lite mer tveksam här, eftersom jag inte är säker på vad jag vill köpa. Till slut bestämmer jag mig för kyckling eftersom det är mångsidigt och kan användas i en mängd olika rätter. Jag köper också

plats. J'achète également quelques morceaux de viande différents, en veillant à prendre du bœuf nourri à l'herbe et du **poulet** élevé en plein air. Le boucher est un homme sympathique, toujours de bonne humeur malgré ses longues heures de travail. Il a emballé mes blancs de poulet et mon steak avant de me parler de ses projets pour le week-end. Je lui ai dit au revoir et j'ai continué mon chemin. J'ai également acheté des œufs et du fromage au rayon produits laitiers.

Le marché grouille de gens, tous impatients de mettre la **main sur les** produits frais et la viande proposés. L'odeur de l'ail et des oignons flottait dans l'air, et le son des rires et des conversations était omniprésent. Je me suis frayé un chemin dans la foule, en choisissant les autres articles dont j'avais besoin pour mes courses de la semaine. J'ai rempli mon **panier** de fruits et légumes, de pâtes et de pain, avant de me diriger vers la caisse. La file d'attente est longue, mais elle avance rapidement. Enfin, j'ai acheté les dernières **provisions et il est** temps de rentrer à la maison. La voiture est chargée, et le chemin du retour est long et fastidieux. La circulation est dense et la chaleur est accablante. Enfin, la voiture se gare dans l'allée et le soulagement est palpable. La maison était fraîche et calme, et c'était un havre de paix après l'**agitation** du marché. Tout a été rangé, et la maison a rapidement retrouvé sa tranquillité habituelle.

några olika köttstycken och ser till att få gräsbetat nötkött och frigående **kyckling**. Slaktaren var en vänlig man som alltid var glad trots de långa arbetsdagarna. Han lindade in mina kycklingbröst och min biff innan han pratade med mig om sina helgplaner. Jag tog farväl av honom och fortsatte min väg. Jag tog också några ägg och ost från mejeriavdelningen.

Marknaden var full av människor som alla var ivriga att få **tag på de** färska råvaror och det kött som erbjöds. Luften var tjock av lukten av vitlök och lök och ljudet av skratt och samtal fyllde luften. Jag tog mig fram genom folkmassan och plockade ut de andra varor som jag behövde till min veckoaffär. Jag fyllde min **korg** med frukt och grönsaker, pasta och bröd innan jag gick till kassan. Kön var lång, men den gick snabbt. Till slut var de sista **matvarorna** inköpta och det var dags att åka hem. Bilen lastades och körningen hem var lång och tråkig. Trafiken var tung och värmen var tryckande. Till slut körde bilen in på uppfarten och lättnaden var påtaglig. Huset var svalt och tyst och det var en fristad efter marknadens liv och rörelse. Allting ställdes undan och huset var snart tillbaka till sin vanliga lugn och ro.

Questions de compréhension

1. Où la personne se rend-elle ?

2. Que veut acheter la personne ?

3. Combien de sacs la personne possède-t-elle ?

4. A quelle distance se trouve le marché ?

5. Que fait la personne en ce moment ?

6. Que se passe-t-il sur le marché ?

7. Combien y a-t-il de personnes sur le marché ?

8. Combien de temps a-t-il fallu à la personne pour tout acheter ?

9. Comment la personne est-elle rentrée chez elle ?

10. Qu'a fait la personne en rentrant chez elle ?

Frågor om förståelse

1. Vart är personen på väg?

2. Vad vill personen köpa?

3. Hur många väskor har personen?

4. Hur långt bort ligger marknaden?

5. Vad gör personen just nu?

6. Vad är allt på marknaden?

7. Hur många personer finns på marknaden?

8. Hur lång tid tog det för personen att köpa allt?

9. Hur åkte personen hem?

10. Vad gjorde personen när han eller hon kom hem?

Dans un café

C'était un matin d'**automne** frisquet, et j'avais donné rendez-vous à mon amie Lily dans notre café préféré pour prendre un café. Je me suis enveloppée chaudement dans mon manteau et mon écharpe et je suis partie. Les feuilles tombaient des arbres et l'air était glacial, mais le soleil brillait et la journée promettait d'être magnifique. Tout en marchant, j'ai **pensé** à quel point c'était bien d'avoir une amie comme Lily. Nous étions amies depuis des années, depuis notre rencontre à l'**université**. Nous nous sommes liées par notre amour du café et du temps passé à discuter dans les cafés. Même si nous vivions dans des quartiers différents de la ville, nous nous retrouvions pour prendre un café une fois par semaine. Je suis arrivé au café, et Lily était déjà là, à m'attendre. Nous nous sommes embrassées et avons commandé nos cafés. Nous avons trouvé une table près de la fenêtre et nous nous sommes installées pour discuter. Le **café** était délicieux, comme toujours, et c'était si agréable de rattraper le temps perdu avec Lily. Nous avons parlé de notre semaine, de nos emplois et de nos projets pour l'avenir. C'était toujours si facile de parler à Lily, et j'avais l'impression que je pouvais tout lui dire. Après un moment, nous avons commencé à avoir faim et **avons décidé** de commander de la nourriture.

På ett café

Det var en kylig höstmorgon och jag hade bestämt mig för att träffa min vän Lily på vårt favoritkafé för att ta en kaffe. Jag svepte in mig varmt i min kappa och halsduk och gick iväg. Löven höll på att falla från träden och luften hade en liten gnutta, men solen sken och det lovade att bli en vacker dag. Medan jag gick **tänkte** jag på hur bra det var att ha en vän som Lily. Vi hade varit vänner i flera år, ända sedan vi träffades på **universitetet**. Vi hade knutit band till varandra genom vår kärlek till kaffe och genom att tillbringa tid med att prata på kaféer. Även om vi nu bodde i olika delar av staden lyckades vi fortfarande träffas på kaffe en gång i veckan. Jag kom till caféet och Lily var redan där och väntade på mig. Vi kramade varandra hej och beställde sedan våra kaffesorter. Vi hittade ett bord vid fönstret och slog oss ner för att prata. **Kaffet** var utsökt, som alltid, och det var så trevligt att prata med Lily. Vi pratade om vår vecka, våra jobb och våra planer för framtiden. Det var alltid så lätt att prata med Lily och det kändes som om jag kunde berätta allt för henne. Efter ett tag började vi bli hungriga och **bestämde oss för att** beställa lite mat.

Vi **beställde** vår mat och hittade en plats vid fönstret. Solen sken in genom fönstret och fick allt att kännas

Nous avons **commandé notre** nourriture et trouvé un siège près de la fenêtre. Le soleil brillait à travers la fenêtre, rendant le tout chaleureux et joyeux. Nous avons bavardé en mangeant, appréciant le simple plaisir d'être en **compagnie de l'autre**. Le café était occupé, mais il n'y avait pas de foule. Il y avait un sentiment de paix et de satisfaction dans l'air. Après avoir terminé notre repas, nous sommes restés assis un moment de plus, profitant de l'**atmosphère** paisible. Nous avons parlé pendant un moment de différentes choses qui avaient eu lieu dans nos vies. C'était si agréable de rattraper le temps perdu avec mon ami et de **se détendre**. Le soleil brillait à travers la fenêtre, et c'était comme si **rien ne** pouvait gâcher notre journée parfaite.

Soudain, j'ai entendu un grand fracas. Je me suis retourné pour voir qu'un homme avait traversé le plafond et gisait sur le sol devant nous. Il était **couvert** de poussière et de débris et semblait être inconscient. Mon ami et moi étions tous deux sous le choc en regardant l'homme allongé sur le sol. Nous ne savions pas quoi faire ni qui appeler à l'aide. Nous sommes restés assis là, à le regarder, sans savoir quoi faire. Après quelques minutes, je me suis ressaisie et j'ai appelé le 911. L'opérateur m'a dit que quelqu'un arriverait bientôt. J'ai raccroché le téléphone et j'ai raconté à mon ami ce que l'**opérateur avait** dit.

varmt och glatt. Vi pratade medan vi åt vår mat och njöt av det enkla nöjet att vara i varandras **sällskap**. Caféet var upptaget, men det kändes inte trångt. Det fanns en känsla av frid och tillfredsställelse i luften. När vi hade ätit upp vår mat satt vi en stund till och njöt av den fridfulla **atmosfären**. Vi pratade en stund om olika saker som hade hänt i våra liv. Det var så skönt att få prata med min vän och bara **slappna av**. Solen sken genom fönstret och det kändes som om **ingenting** kunde förstöra vår perfekta dag.

Plötsligt hörde jag en hög ljudlig krasch. Jag vände mig om och såg att en man hade fallit genom taket och låg på golvet framför oss. Han var **täckt av** damm och skräp och verkade vara medvetslös. Min vän och jag var båda i chock när vi stirrade på mannen som låg på golvet. Vi visste inte vad vi skulle göra eller vem vi skulle ringa efter hjälp. Vi satt bara där och stirrade på honom utan att veta vad vi skulle göra. Efter några minuter kom jag till mig själv och ringde 112. Operatören sa till mig att någon skulle vara där snart. Jag lade på luren och berättade för min vän vad **operatören** hade sagt.

Questions de compréhension

1. D'où vient l'homme qui tombe à travers le toit ?

2. Pourquoi la femme est-elle avec son ami dans le café ?

3. Quel est le café préféré des deux amis ?

4. Depuis combien de temps les deux amis se connaissent-ils ?

5. Quelle est la boisson préférée des deux amis ?

6. Dans quelle ville vivent les deux amis ?

7. Combien de fois les deux amis se rencontrent-ils ?

8. De quoi parlent les deux amis lorsqu'ils se rencontrent pour la première fois dans leur café préféré ?

9. Quel est le plat préféré des deux amis ?

10. Pourquoi c'est si facile de parler à Lily ?

Frågor om förståelse

1. Varifrån kommer mannen som faller genom taket?

2. Varför är kvinnan med sin väninna på kaféet?

3. Vilket är de två vännernas favoritkafé?

4. Hur länge har de två vännerna känt varandra?

5. Vad är de två vännernas favoritdryck?

6. I vilken stad bor de två vännerna?

7. Hur ofta träffas de två vännerna?

8. Vad pratar de två vännerna om när de först träffas på sitt favoritkafé?

9. Vad är de två vännernas favoritmat?

10. Varför är det så lätt att prata med Lily?

Aller nager

La piscine était toujours un endroit **rafraîchissant**, et aujourd'hui n'était pas différent. Le soleil brillait et l'eau semblait invitante. J'ai pris une profonde inspiration et j'ai plongé, sentant l'étreinte fraîche de l'eau. J'ai fait des longueurs pendant un moment, appréciant l'exercice et la possibilité de me vider la tête. Au bout d'un moment, je suis sorti et me suis séché, puis je me suis assis sur une serviette pour me détendre au soleil. J'ai fermé les yeux et laissé la **chaleur** m'envahir, sentant mes muscles se détendre. Soudain, j'ai entendu une éclaboussure et j'ai ouvert les yeux pour voir ma petite sœur **pagayer dans la** partie peu profonde. J'ai souri et je l'ai regardée pendant un moment, puis je me suis levée et je suis allée vers elle. Nous avons bavardé un peu et pataugé ensemble, appréciant la compagnie de l'autre. Nos parents nous ont bientôt rejoints et nous avons passé le reste de l'après-midi à nager et à jouer ensemble. C'était toujours très agréable de passer du temps avec la famille à la piscine. Il y a **quelque chose** dans le fait d'être dans l'eau qui semble rassembler les gens. Peut-être est-ce parce que nous sommes tous égaux lorsque nous sommes dans l'eau - nous ne pouvons pas cacher nos défauts ou prétendre être ce que nous ne sommes pas. Ou peut-être est-ce simplement parce que c'est amusant ! **Quelle que**

Att simma

Poolen var alltid en **uppfriskande** plats att vara på, och idag var det inte annorlunda. Solen sken och vattnet såg inbjudande ut. Jag tog ett djupt andetag och dök ner och kände vattnets svala omfamning. Jag simmade varv ett tag och njöt av motionen och chansen att rensa huvudet. Efter en stund gick jag ut och torkade mig, och satte mig sedan på en handduk för att slappna av i solen. Jag slöt ögonen och lät **värmen** skölja över mig och kände hur mina muskler började slappna av. Plötsligt hörde jag ett plask och öppnade ögonen för att se min lillasyster **paddla** runt i den grunda delen. Jag log och tittade på henne en stund, sedan reste jag mig upp och gick över till henne. Vi pratade lite och paddlade runt tillsammans och njöt av varandras sällskap. Snart anslöt sig våra föräldrar till oss och vi tillbringade resten av eftermiddagen med att simma och spela spel tillsammans. Det var alltid så trevligt att tillbringa tid med familjen vid poolen. Det är **något** med att vara i vattnet som bara verkar föra människor samman. Kanske beror det på att vi alla är lika när vi är i vattnet - vi kan inte dölja våra brister eller låtsas vara något vi inte är. Eller kanske är det bara för att det är roligt! **Oavsett vad** anledningen är så var jag bara glad att vi alla kunde samlas och njuta av varandras sällskap på en så speciell plats.

soit la raison, j'étais simplement heureuse que nous puissions tous nous réunir et profiter de la compagnie des autres dans un endroit aussi spécial.

Le soleil tapait sur ma peau et l'odeur du chlore flottait dans l'air. J'entendais le bruit des enfants qui riaient et barbotaient dans la piscine. J'étais allongée sur une chaise **longue près de la** piscine, profitant du soleil et **de la** journée. J'avais les yeux fermés et j'étais sur le point de m'endormir lorsque j'ai entendu quelqu'un s'approcher de moi. J'ai ouvert les yeux et j'ai vu une femme debout à côté de moi. Elle portait un bikini et avait une serviette enroulée autour de sa taille. Elle avait de longs cheveux blonds et des yeux bleus. Elle tenait une bouteille de **crème solaire** dans sa main. “Ça te dérange si je mets de la crème solaire sur ton dos ?” a-t-elle demandé. “Non, ça va”, ai-je répondu, en me redressant pour qu'elle puisse atteindre mon dos. J'ai senti ses mains sur ma peau alors qu'elle appliquait la crème solaire.

Son toucher était doux et l'odeur de la crème solaire était apaisante. J'ai fermé les yeux à nouveau et me suis laissé aller à la détente. Je pouvais entendre le **bruit** de ses mouvements, mais je n'ai pas ouvert les yeux. Je me suis contenté de rester allongé au soleil, en écoutant le bruit des vagues qui **s'écrasaient** sur le rivage. Après quelques minutes, elle s'est éloignée, et j'ai ouvert les yeux.

Solen slog ner på min hud och lukten av klorin låg i luften. Jag kunde höra ljudet av barn som skrattade och plaskade runt i poolen. Jag låg på en solstol vid poolen och njöt av solen och **njöt av** dagen. Jag hade ögonen stängda och skulle precis somna när jag hörde någon komma fram till mig. Jag öppnade ögonen och såg en kvinna stå bredvid mig. Hon hade en bikini på sig och en handduk lindad runt midjan. Hon hade långt blont hår och blå ögon. Hon höll en flaska **solkräm i** handen. "Har du något emot att jag smörjer in din rygg med solkräm?" frågade hon. "Nej, det är okej", sa jag och satte mig upp så att hon kunde nå min rygg. Jag kände hennes händer på min hud när hon applicerade solkrämen.

Hennes beröring var mild och doften av solkrämen var lugnande. Jag slöt ögonen igen och lät mig slappna av. Jag kunde höra **ljudet av att** hon rörde sig, men jag öppnade inte ögonen. Jag var nöjd med att bara ligga där i solen och lyssna på ljudet av vågorna **som slog** mot stranden. Efter några minuter gick hon iväg och jag öppnade ögonen.

Questions de compréhension

1. Où se trouvait le narrateur lorsqu'il a commencé l'histoire ?

2. Que sent le narrateur lorsqu'il ouvre les yeux ?

3. Qu'entend le narrateur lorsqu'il ouvre les yeux ?

4. A qui la femme donne-t-elle de la crème solaire au narrateur ?

5. De quoi le narrateur rêve-t-il ?

6. Pourquoi la baignade dans la mer est-elle si spéciale pour le narrateur ?

7. quelle est la sensation de l'eau dans laquelle nage le narrateur ?

8. Que voit le narrateur quand il sort de l'eau ?

9. Que fait la femme après avoir mis la crème solaire sur le narrateur ?

10. De quoi le narrateur et la femme parlent-ils à la fin de l'histoire ?

Frågor om förståelse

1. Var befann sig berättaren när han började berättelsen?

2. Vad luktar berättaren när han öppnar ögonen?

3. Vad hör berättaren när han öppnar ögonen?

4. Vems solkräm ger kvinnan berättaren?

5. Vad drömmer berättaren om?

6. Varför är det så speciellt för berättaren att simma i havet?

7.Hur känns vattnet som berättaren simmar i?

8. Vad ser berättaren när han kommer upp ur vattnet?

9. Vad gör kvinnan efter att hon har smörjt in berättaren med solkräm?

10. Vad pratar berättaren och kvinnan om i slutet av berättelsen?

Tonte de la pelouse

Il est 10 heures du matin, un **samedi d'**été, et le soleil tape déjà sans pitié. Vous vous frayez un chemin jusqu'au garage pour aller chercher la tondeuse à gazon, avec l'impression d'être **condamné** aux travaux forcés. Vous commencez à tondre la pelouse, en veillant à aller doucement pour ne pas manquer d'endroits. Pendant que vous tondez, vous pensez à tout le bien que cela fait d'être dehors à l'air frais. Alors que vous commencez à pousser la tondeuse d'avant en arrière sur la pelouse, vous apercevez votre voisin du coin de l'**œil**. Vous lui faites signe et lui dites bonjour, et il vous répond.

Après quelques minutes, vous avez terminé, et vous vous rendez chez votre voisin pour prendre une bière avec lui dans le jardin de devant. C'est une journée **parfaite**, il ne fait pas trop chaud et une légère brise souffle. Vous êtes assis à l'ombre de l'arbre, sirotant votre bière et discutant avec votre voisin. Ce sont des jours comme celui-ci qui vous font apprécier l'été. Puis vous rentrez à l'intérieur pour prendre une bière bien méritée. Vous vous installez sur une chaise sous le porche et ouvrez la canette, en poussant un soupir de satisfaction. Le bruit de la tondeuse s'estompe et vous

Klippning av gräsmattan

Klockan är 10 på förmiddagen en **sommarlördag och** solen slår redan obarmhärtigt ner. Du går ut i garaget för att hämta gräsklipparen och känner att du är **dömd** till hårt arbete. Du börjar klippa gräsmattan och ser till att gå lugnt och sakta så att du inte missar några ställen. Medan du klipper tänker du på hur bra det känns att vara ute i den friska luften. När du börjar skjuta gräsklipparen fram och tillbaka över gräsmattan ser du din granne ur **ögonvrån**. Du vinkar och säger hej, och han vinkar tillbaka.

Efter några minuter är du klar och går till din granne för att ta en öl med honom i trädgården. Det är en **perfekt** dag - inte för varmt, med en lätt bris som blåser. Du sitter där i skuggan av trädet, dricker din öl och pratar med din granne. Det är sådana här dagar som gör att man uppskattar sommaren. Sedan **går** du in och tar en välförtjänt öl. Du slår dig ner i en stol på verandan, öppnar burken och suckar nöjt. Ljudet från gräsklipparen försvinner i bakgrunden medan du slappnar av i skuggan och njuter av stundens **lugn.** Ölet smakar extra gott efter allt hårt arbete i värmen. Jag skulle just gå in när jag hörde ett ljud i grannhuset.

Det **lät** som om någon grät. Jag slutade klippa och gick

vous détendez à l'ombre, profitant de la **tranquillité du** moment. La bière a un goût extra bon après tout ce dur travail dans la chaleur. J'étais sur le point de rentrer quand j'ai entendu un bruit à côté.

On aurait dit que quelqu'un pleurait. J'ai arrêté de tondre et j'ai marché jusqu'à la clôture qui séparait nos jardins. J'ai jeté un coup d'œil par-dessus et j'ai vu ma voisine, Mme Johnson, pleurer sur sa balançoire sous le porche. Je l'ai appelée, mais elle ne m'a pas entendue. J'ai escaladé la clôture et j'ai marché jusqu'à elle. "Mme Johnson, vous allez bien ?" J'ai demandé. Elle a levé les yeux vers moi, les larmes aux yeux, et a secoué la tête. "Non, je ne vais pas bien", a-t-elle dit. "Mon chat est mort hier." J'étais choquée. Je n'ai pas su quoi dire. Je suis restée là, maladroitement, sans savoir quoi faire. Finalement, j'ai posé ma main sur son **épaule** et j'ai dit : "Je suis vraiment désolée, Mme Johnson. Si je peux faire quelque chose pour vous aider, faites-le moi savoir". "Elle a secoué la tête et a dit : "Non, il **n'y a rien que** personne ne puisse faire". Puis elle s'est levée et est entrée dans sa maison. Je suis resté là un moment, ne sachant pas quoi faire. Puis je suis retourné tondre ma pelouse. En terminant, je n'ai pu m'empêcher de penser à Mme Johnson et à son chat.

över till staketet som skiljde våra trädgårdar åt. Jag tittade över och såg min granne, Mrs Johnson, gråta på sin verandagunga. Jag ropade på henne, men hon hörde mig inte. Jag klättrade över staketet och gick över till henne. "Mrs Johnson, mår ni bra?" Jag frågade. Hon tittade upp på mig med tårar i ögonen och skakade på huvudet. "Nej, jag mår inte bra", sade hon. "Min katt dog i går." Jag blev chockad. Jag visste inte vad jag skulle säga. Jag stod bara där obekvämt och visste inte vad jag skulle göra. Till slut lade jag min hand på hennes **axel** och sa: "Jag är så ledsen, mrs Johnson. Om det finns något jag kan göra för att hjälpa till, så säg till. " Hon skakade på huvudet och sa: "Nej, det finns **ingenting som** någon kan göra". Sedan reste hon sig upp och gick in i sitt hus. Jag stod där en stund och visste inte vad jag skulle göra. Sedan gick jag tillbaka till att klippa min gräsmatta. När jag blev klar kunde jag inte låta bli att tänka på Mrs Johnson och hennes katt.

Questions de compréhension

1. Quelle heure est-il ?

2. Où se trouve la personne qui tond ?

3. Comment la personne se sent-elle ?

4. Pourquoi la personne doit-elle tondre lentement ?

5. Quel est le temps qu'il fait ?

6. Que fait la personne après avoir fauché ?

7. Qu'entend la personne avant de rentrer chez elle ?

8. Qui est avec Mme Johnson ?

9. Pourquoi Mme Johnson pleure-t-elle ?

10. Que dit la personne à Mme Johnson ?

Frågor om förståelse

1. Vad är klockan?

2. Var är personen som klipper?

3. Hur känner sig personen?

4. Varför måste personen klippa långsamt?

5. Vad är det för väder?

6. Vad gör personen efter klippningen?

7. Vad hör personen innan han går hem?

8. Vem är med fru Johnson?

9. Varför gråter fru Johnson?

10. Vad säger personen till fru Johnson?

Se faire couper les cheveux

Cela faisait des semaines que je voulais me faire couper les cheveux, mais j'arrivais toujours à remettre ça à plus tard. Mais à l'approche de **Noël, je** savais que je ne pouvais plus attendre. Je ne voulais pas me présenter au dîner de Noël de ma famille avec une coiffure débraillée. Alors, tôt le matin de Noël, je me suis rendue au salon. Même s'il était tôt, le salon était déjà occupé par d'autres personnes qui **se faisaient** coiffer pour les fêtes. J'ai pris ma place dans la file d'attente et j'ai attendu mon tour. Enfin, c'était mon tour sur la chaise. La styliste, une femme sympathique nommée Jill, m'a demandé ce que je voulais. "Juste une coupe, rien de trop radical", ai-je répondu. Jill s'est mise au travail, coupant mes cheveux. Pendant qu'elle travaillait, j'ai commencé à me détendre. C'était bon de prendre enfin soin de moi. J'avais été tellement occupé ces derniers temps, à courir partout pour m'occuper de tout le monde, que j'avais laissé mes propres besoins de côté. Mais plus **maintenant**. A partir de maintenant, j'allais prendre du temps pour moi.

Lorsque Jill a terminé, je me suis regardée dans le miroir et j'étais ravie de ce que je voyais. Mes cheveux étaient soignés et polis, parfaits pour les fêtes de fin

Att klippa sig

Jag hade tänkt klippa mig i flera veckor, men på något sätt lyckades jag alltid skjuta upp det. Men med **julen** runt hörnet visste jag att jag inte kunde skjuta upp det längre. Jag ville inte dyka upp till familjens julmiddag och se ut som en slarvig röra. Så tidigt på juldagsmorgonen begav jag mig till salongen. Trots att det var tidigt var salongen redan upptagen med andra människor som **skulle** fixa håret inför julen. Jag tog plats i kön och väntade på min tur. Slutligen var det min tur i stolen. Stylisten, en vänlig kvinna vid namn Jill, frågade mig vad jag ville ha. "Bara en trimning, inget alltför drastiskt", svarade jag. Jill började arbeta och klippte bort mitt hår. Medan hon arbetade började jag slappna av. Det kändes bra att äntligen ta hand om mig själv. Jag hade varit så upptagen den senaste tiden, jag hade sprungit runt och tagit hand om alla andra, att jag hade låtit mina egna behov falla bort. Men inte **längre**. Från och med nu skulle jag ta mig tid för mig själv.

När Jill var klar tittade jag mig i spegeln och var nöjd med vad jag såg. Mitt hår såg snyggt och polerat ut - perfekt för semestermöten. Jag **tackade** Jill och gjorde en **mental** anteckning om att komma tillbaka oftare. Från och med nu kommer jag att ta hand om mig själv

d'année. J'ai **remercié** Jill et j'ai noté **mentalement** de revenir plus souvent. À partir de maintenant, je prendrai soin de moi d'abord et avant tout. Elle s'est mise au travail en coupant mes cheveux. J'ai pensé à combien j'étais reconnaissante d'avoir enfin pris le temps de me faire couper les cheveux. Je me sentais bien de savoir que j'allais être présentable pour le **repas de** Noël. Je n'aurais plus à m'inquiéter des taquineries de ma famille sur mon apparence "débraillée". Après quelques minutes, le coiffeur a fini de me couper les cheveux et m'a fait un rapide brushing. Je me suis regardé dans le miroir et j'étais content de ce que je voyais - un look propre qui serait parfait pour le dîner de Noël. Maintenant que ma coupe de cheveux était terminée, je pouvais me concentrer sur les vacances avec ma famille. Et j'en étais encore plus reconnaissante.

Je me suis sentie tellement **libérée** et j'ai adoré le look de ma nouvelle coupe de cheveux. Après avoir payé ma coupe, je suis rentrée chez moi et j'ai commencé à faire mes bagages pour mon voyage. J'**avais hâte** de montrer mon nouveau look à ma famille et à mes amis. Je savais qu'ils seraient surpris en me voyant. Le jour de mon vol, je suis arrivée à l'aéroport avec beaucoup de temps devant moi. J'ai passé le contrôle de sécurité sans problème et j'ai rapidement pris la route. Dès que je suis arrivé à destination, j'ai senti l'excitation dans l'air. Il y avait vraiment de l'air pour Noël !

först och främst. Hon började arbeta med att klippa mitt hår. Jag tänkte på hur tacksam jag var för att jag äntligen hade hunnit klippa mig. Det kändes bra att veta att jag skulle se presentabel ut till **julmiddagen**. Jag skulle inte längre behöva oroa mig för att min familj skulle retas med mig om mitt "slarviga" utseende. Efter några minuter var stylisten klar med att klippa mitt hår och gav mig en snabb föning. Jag tittade i spegeln och var nöjd med vad jag såg - en ren frisyr som skulle passa perfekt till julmiddagen. Nu när min klippning var avklarad kunde jag fokusera på att njuta av julen med min familj. Och det var jag ännu mer tacksam för.

Det kändes så **befriande** och jag älskade hur min nya frisyr såg ut. När jag hade betalat för frisyren gick jag hem och började packa för min resa. Jag **kunde inte** vänta med att visa upp min nya look för min familj och mina vänner. Jag visste att de skulle bli förvånade när de såg mig. På dagen för mitt flyg anlände jag till flygplatsen med gott om tid över. Jag gick igenom säkerhetskontrollen utan några problem och snart var jag på väg. Så snart jag kom fram till min destination kunde jag känna spänningen i luften. Julen låg definitivt i luften!

Questions de compréhension

1. Que devait faire le protagoniste avant Noël ?

2. Que pense la protagoniste du fait de prendre soin d'elle ?

3. Qui a taillé les cheveux du protagoniste ?

4. Pourquoi la famille de la protagoniste allait-elle se moquer d'elle ?

5. Qu'a ressenti la protagoniste après s'être fait couper les cheveux ?

6. Qu'a fait la protagoniste après s'être fait couper les cheveux ?

7. Quelle a été la réaction de la famille de la protagoniste à sa coupe de cheveux ?

8. Qu'a fait le protagoniste la veille de Noël ?

9. Qu'est-ce qui a rendu l'expérience du protagoniste plus spéciale ?

10. Que se passerait-il si le protagoniste ne se faisait pas couper les cheveux ?

Frågor om förståelse

1. Vad måste huvudpersonen göra före jul?

2. Hur kände huvudpersonen för att ta hand om sig själv?

3. Vem klippte huvudpersonens hår?

4. Varför skulle huvudpersonens familj retas med henne?

5. Hur kände sig huvudpersonen efter att ha klippt sig?

6. Vad gjorde huvudpersonen efter att ha klippt sig?

7. Hur reagerade huvudpersonens familj på hennes frisyr?

8. Vad gjorde huvudpersonen på julafton?

9. Vad gjorde huvudpersonens upplevelse mer speciell?

10. Vad skulle hända om huvudpersonen inte klippte sig?

Le parc

Le soleil se couchait, et le parc était vide. Je me suis assise sur un banc, attendant mon **amie**. Nous avions prévu de nous retrouver ici il y a une heure, mais elle était toujours en retard. Au moment où j'allais abandonner et rentrer chez moi, je l'ai vue courir vers moi. "Je suis vraiment désolée", a-t-elle haleté en atteignant le banc. "Mon train a été **retardé**." "C'est bon", ai-je dit **avec indulgence**. "Je viens juste d'arriver." Nous nous sommes assis et avons bavardé pendant un certain temps, prenant des nouvelles de la vie de chacun depuis notre dernière rencontre. La conversation était fluide **et nous avions l**'impression que le temps n'avait pas passé depuis notre dernière rencontre. Au coucher du soleil, nous nous sommes dit au revoir et avons pris des chemins différents. La fois suivante où nous nous sommes rencontrés, c'était dans un autre parc. Encore une fois, elle était en retard, mais ça ne m'a pas dérangé. C'était agréable d'avoir quelqu'un à qui parler et qui me **comprenait**. Nous avons parlé de nos rêves et de nos **aspirations**, des choses que nous voulions faire de nos vies. Elle m'a parlé de son projet de voyager dans le monde entier, et j'ai partagé mon rêve de devenir écrivain. Alors que le soleil se couchait sur un autre jour, nous nous sommes dit au revoir une fois de plus, en promettant de rester

Parken

Solen höll på att gå ner och parken var tom. Jag satt på bänken och väntade på min **vän**. Vi hade planerat att träffas här för en timme sedan, men hon var alltid sen. Precis när jag höll på att ge upp och gå hem såg jag henne springa mot mig. "Jag är så ledsen", flämtade hon när hon kom fram till bänken. "Mitt tåg blev **försenat.**" "Det är okej", sa jag **förlåtande**. "Jag kom precis hit själv." Vi satte oss ner och pratade en stund och berättade om varandras liv sedan vi träffades senast. Samtalet flöt **lätt** och det kändes som om det inte hade gått någon tid alls sedan vi sågs sist. När solen gick ner tog vi farväl och gick skilda vägar. Nästa gång vi träffades var det i en annan park. Återigen var hon sen, men det gjorde inget. Det var skönt att ha någon att prata med som **förstod** mig. Vi pratade om våra drömmar och **ambitioner,** saker vi ville göra med våra liv. Hon berättade om sina planer på att resa runt i världen, och jag delade med mig av min dröm om att bli författare. När solen gick ner på en annan dag tog vi farväl ännu en gång och lovade att hålla kontakten den här gången.

Åren gick, och vår **vänskap** förblev stark även om vi nu bodde i olika delar av landet. Vi höll kontakten genom brev och tillfälliga telefonsamtal och delade

en contact cette fois-ci.

Les années ont passé, et notre **amitié** est restée forte, même si nous vivions désormais dans des régions différentes du pays. Nous sommes restés en contact par des lettres et des appels téléphoniques occasionnels, partageant les nouvelles de nos vies respectives. Lorsqu'elle a annoncé qu'elle allait se marier, je n'ai pas été **surpris** - elle avait toujours été du genre **aventureux**. Mais lorsqu'elle m'a demandé si j'accepterais d'être sa demoiselle d'honneur à la cérémonie de son mariage qui se déroulait à l'autre bout du monde, loin de chez moi... il a fallu la convaincre ! En fin de compte, je ne pouvais pas laisser ma meilleure amie se marier sans moi à ses côtés, alors malgré mes craintes (et après qu'elle m'ait beaucoup suppliée !), j'ai **accepté de participer à** ce qui s'est avéré être l'**aventure** de ma vie.

Le jour du **mariage** est enfin arrivé. J'étais nerveux, mais excité de faire partie d'un moment si important dans la vie de mon amie. La cérémonie était magnifique, et elle avait l'air heureuse en prononçant ses vœux. **Ensuite,** nous avons fait une grande fête - on aurait dit que tous ses proches étaient venus célébrer avec elle ! C'était un jour **magique** que je n'oublierai jamais, et notre amitié n'a fait que se renforcer après cette aventure. Aujourd'hui, des années plus tard, nous restons toujours en contact.

nyheter från våra liv med varandra. När hon meddelade att hon skulle gifta sig blev jag inte **förvånad** - hon hade alltid varit den **äventyrliga** typen. Men när hon frågade mig om jag ville vara hennes hedersbrudtärna vid hennes bröllopsceremoni som ägde rum på andra sidan jordklotet från där jag bodde... det krävdes en del övertalning! I slutändan kunde jag dock inte låta min bästa väninna gifta sig utan mig vid hennes sida, så trots mina farhågor (och efter mycket bön från henne!) **gick** jag **med på** att följa med på vad som visade sig bli sitt livs **äventyr.**

Bröllopsdagen kom äntligen. Jag var nervös, men glad över att få vara en del av ett så viktigt ögonblick i min väns liv. Ceremonin var vacker och hon såg lycklig ut när hon avgav sina löften. **Efteråt** firade vi med en stor fest - det verkade som om alla hon kände hade kommit för att fira med henne! Det var en **magisk** dag som jag aldrig kommer att glömma, och vår vänskap blev bara starkare efter detta äventyr. Nu, flera år senare, håller vi fortfarande kontakten.

Questions de compréhension

1. Où l'auteur et son ami se sont-ils rencontrés pour la première fois ?

2. Pourquoi l'ami de l'auteur était-il en retard à leur réunion ?

3. De quoi les amis ont-ils parlé lorsqu'ils se sont retrouvés des années plus tard ?

4. Qu'a ressenti l'auteur en assistant à la cérémonie de mariage de son amie ?

5. Décrivez le cadre de la cérémonie de mariage.

6. Comment l'amitié entre les deux femmes a-t-elle évolué au fil du temps ?

7. Quel est le rêve de l'auteur ?

8. Où l'ami de l'auteur prévoit-il de voyager ?

9. Pourquoi l'auteur a-t-elle hésité à assister à la cérémonie de mariage de son amie ?

Frågor om förståelse

1. Var träffades författaren och hennes vän första gången?

2. Varför var författarens vän sen till mötet?

3. Vad pratade vännerna om när de träffades igen flera år senare?

4. Hur kändes det för författaren att delta i sin väns bröllopsceremoni?

5. Beskriv hur bröllopsceremonin går till.

6. Hur har vänskapen mellan de två kvinnorna förändrats med tiden?

7. Vad är författarens dröm?

8. Vart planerar författarens vän att resa?

9. Varför tvekade författaren att delta i sin väns bröllopsceremoni?

www.ingramcontent.com/pod-product-compliance
Lightning Source LLC
LaVergne TN
LVHW010602160826
845677LV00013B/3219

9798353185536